Hay pocos [...]
Kell. Sus es[...]
cepciones b[...]

¿Debo asistir? no es la excepción. Desearía que este libro
hubiera existido cuando era más joven; me emociona que
exista ahora. Compra varias copias y repártelas generosamente.

Matt Smethurst

Editor asociado, The Gospel Coalition
Autor de *Antes de abrir tu Biblia: Nueve formas de acercarte a Dios*

Tal parece que la iglesia es para el cristianismo lo que las letras
mudas son para las palabras. Todos saben que es necesaria,
pero poca gente sabe por qué. Garrett hace el trabajo de un
buen maestro, o tal vez incluso de un buen mecánico. Separa
las piezas que componen la iglesia (una a una), muestra su
importancia y necesidad, y las vuelve a unir perfectamente. El
resultado final es que el lector queda más que convencido de
la necesidad de la iglesia, queda cautivado por su belleza. Este
es un recurso muy útil para todos los que asisten a una iglesia.

John Onwuchekwa

Pastor, Cornerstone Church, Atlanta, Georgia

X **9Marks** | Serie Primeros Pasos

IGLESIA

¿DEBO ASISTIR?

J. GARRETT KELL

SERIE EDITADA POR MEZ MCCONNELL

ESPAÑOL
NASHVILLE, TN

Iglesia: ¿Debo asistir?

Copyright © 2022 por J. Garret Kell
Todos los derechos reservados.
Derechos internacionales registrados.

B&H Publishing Group
Nashville, TN 37234

Diseño de portada e ilustración por Rubner Durais

Director editorial: Giancarlo Montemayor
Editor de proyectos: Joel Rosario
Coordinadora de proyectos: Cristina O'Shee

Clasificación Decimal Dewey: 250
Clasifíquese: IGLESIA / MIEMBROS DE LA IGLESIA / COMUNIÓN
EN LA IGLESIA

ISBN: 978-1-0877-4877-1

Impreso en EE. UU.
1 2 3 4 5 * 25 24 23 22

ÍNDICE

Prefacio 7
Introducción 9
Conoce a Brian 11

Capítulo 1. ¿Qué es la iglesia? 15

Capítulo 2. ¿Por qué tengo
que ir a la iglesia? 27

Capítulo 3. ¿Qué es una iglesia verdadera?... 41

Capítulo 4. ¿Por qué hay tantas iglesias
diferentes?......................... 57

Capítulo 5. El bautismo y la Cena
del Señor 75

Capítulo 6. La membresía de la iglesia 93

Capítulo 7. El liderazgo................. 111

Capítulo 8. La disciplina de la iglesia...... 125

Capítulo 9. ¿Cuál es la misión de la iglesia?... 145

Prefacio

El hecho de escribir un libro sobre la iglesia me parece un poco extraño. Asistía a la iglesia cuando era niño, pero me parecía irrelevante. Durante la secundaria y la universidad, me sentaba en el balcón de la iglesia, generalmente ebrio por haber salido de fiesta la noche anterior. Para mí, Jesús no era más real que Pie Grande o el ratón Pérez. Pero Dios cambió todo eso al final de mis años como universitario. Un amigo me habló del perdón de Jesús durante una fiesta, lo que inició una completa transformación en mi vida. Al principio, me encontraba aislado de otros cristianos, pero rápidamente aprendí cuánto necesito a la iglesia y cuánto me necesita la iglesia. Hoy sirvo como pastor de una congregación justo a las afueras de Washington, D. C. No somos un grupo de personas perfectas, pero cada semana nos reunimos en torno a la gracia de Dios en Cristo Jesús. Juntos, nos ayudamos mutuamente, exhortándonos unos a otros a resistir el pecado y aferrarnos a las promesas de Dios por la fe. Mi oración es que este breve libro te ayude a hacer lo mismo, dondequiera que Dios te haya colocado.

J. Garrett Kell
Mayo, 2019.

Introducción

La serie *Primeros pasos* ayudará a capacitar a las personas de un entorno no eclesiástico a dar los primeros pasos para seguir a Jesús. Llamamos a esto «el camino al servicio», ya que creemos que todo cristiano debería ser capacitado para servir a Cristo y a Su iglesia sin importar sus antecedentes o experiencia.

Si eres líder en una iglesia, y ejerces el ministerio en lugares difíciles, utiliza estos libros como una herramienta para ayudar a que aquellos que no están familiarizados con las enseñanzas de Jesús se conviertan en nuevos discípulos. Estos libros los ayudarán a crecer en carácter, conocimiento y acción.

Si eres nuevo en la fe cristiana, y todavía luchas con entender qué es ser un cristiano, o lo que la Biblia realmente enseña, entonces esta es una guía fácil para dar tus primeros pasos como seguidor de Jesús.

Existen muchas maneras de utilizar estos libros.

- Pueden ser usados por una persona que simplemente lee el contenido y trabaja en las preguntas por sí misma.
- Pueden ser usados de forma individual, donde dos personas leen el material antes de reunirse y luego discuten juntos las preguntas.
- Pueden ser usados en grupo, donde un líder presenta el material como una conversación, deteniéndose para tener una discusión de grupo durante la misma.

Tu escenario determinará la mejor manera de utilizar este recurso.

GUÍA DEL USUARIO

Mientras trabajas a través de los estudios, encontrarás los siguientes símbolos:

LA HISTORIA DE BRIAN: Al inicio de cada capítulo conocerás a Brian y escucharás algo relacionado a su historia y lo que ha estado sucediendo en su vida. Queremos que tomes lo que hemos aprendido de la Biblia y descubras qué diferencia haría en la vida de Brian. Así que, cada vez que veas este símbolo, leerás algo más sobre la historia de Brian.

ILUSTRACIÓN: A través de ejemplos y escenarios de la vida real, estas secciones nos ayudarán a entender los puntos a desarrollarse.

DETENTE: Cuando lleguemos a un punto importante o difícil, te pediremos que hagas una pausa, y pases un tiempo reflexionando o conversando sobre lo que acabamos de aprender.

LEE 3X: La Biblia es la Palabra de Dios para nosotros y, por tanto, es la palabra final para nosotros en todo lo que debemos creer y en la forma en la cual debemos actuar. Por ello, queremos leer la Biblia primero, y queremos leerla cuidadosamente. Así que, cada vez que veas este símbolo, debes leer o escuchar el pasaje bíblico tres veces. Si la persona con la que estás leyendo la Biblia se siente cómoda, pídele que lo lea al menos una vez.

VERSÍCULO PARA MEMORIZAR: Al final de cada capítulo sugeriremos un versículo de la Biblia para memorizar. Hemos encontrado que la memorización de la Biblia es realmente efectiva en nuestro contexto. El versículo (o versículos) se relacionará directamente con lo que hemos abordado en el capítulo.

RESUMEN: Asimismo, al final de cada capítulo hemos incluido un breve resumen del contenido de ese capítulo. Si estás estudiando el libro con otra persona, puede ser útil que revises esta sección para recordar lo estudiado la semana anterior.

Conoce a Brian

Brian creció en un pequeño pueblo en las colinas de West Virginia, Estados Unidos. Su casa era una casa rodante desgastada, con goteras en la época de lluvias. Las rabietas y borracheras de su padre, combinadas con la ausencia de su madre, lo convirtieron en un lugar infeliz. El padre de Brian a menudo coqueteaba con sus amigas, pero a Brian no le importaba enfrentarlo de ser necesario.

La vida era dura para Brian, pero él encontraba maneras de superar las dificultades. Sus amigos lo conocían como el alma de la fiesta, hasta el día de verano que cambió todo para siempre. Él y un grupo de amigos habían salido a pescar a un río. Casi al final del día, decidieron saltar de un acantilado. Los amigos de Brian saltaron, y todos lograron regresar a la orilla, excepto uno. Su mejor amigo, Nathan, desapareció bajo la corriente fangosa y no lo encontraron hasta que fue demasiado tarde.

La semana siguiente fue brutal. Las lágrimas humedecían su almohada mientras que la ira, el dolor y la culpa lo perseguían. Preguntas sin respuestas rondaban su mente y provocaron que vivir fuera casi intolerable. Brian se preguntaba: ¿por qué murió Nathan?, ¿qué le pasó cuando murió?, ¿por qué no murió *él* en su lugar?, ¿y si *hubiera sido* Brian quien se hubiera ahogado?, ¿a dónde iría cuando *él* muriera?

En el funeral de Nathan, un pastor habló de un Salvador que vino para dar paz en medio de nuestros días más oscuros. Brian quería esa paz, pero no sabía cómo encontrarla.

Afortunadamente, la ayuda llegó la semana siguiente. Durante una pausa vespertina, un compañero de trabajo llamado James se acercó a Brian y le dijo que había

estado orando por él. Por lo general, a Brian le molesta-
ban las conversaciones religiosas, pero ese día se sintió
agradecido. Mientras platicaban, James le explicó que
Jesús murió y resucitó para que nosotros pudiéramos
conocer la paz de Dios. Más tarde esa noche, Brian no
pudo dejar de pensar en lo que había oído, y cuando
despertó la mañana siguiente, decidió visitar una iglesia.

¿CUÁL ES EL PUNTO?

La iglesia
es un pueblo,
no un lugar.

CAPÍTULO 1

¿Qué es la iglesia?

BRIAN

Brian se sentó en el estacionamiento durante casi veinte minutos. Ya había fumado dos cigarrillos y el tercero giraba entre sus dedos. Observaba a las personas estacionar sus autos y entrar en la iglesia, pero se sentía cada vez más seguro de que no pertenecía ahí. Mientras veía a la gente entrar, sonreír y saludarse, Brian sabía que estas personas no tenían los problemas de los que él no podía escapar.

Brian siempre había sido cauteloso con la iglesia. Su abuela lo había llevado algunas veces cuando era joven, pero la mayor parte de lo que conocía provenía de lo que había visto en algunos programas de televisión.

En el fondo, sabía que la iglesia no era para él. Pero por alguna razón, no podía abandonar el estacionamiento. Su nuevo interés en Jesús lo impulsó a quedarse. Después de algunas caladas a su cigarrillo, hizo a un lado sus razones para marcharse, y se sentó casi al final del salón.

DETENTE

¿Qué tipo de experiencias has tenido con la iglesia? ¿Qué sentimientos tuviste cuando visitaste una por primera vez? ¿Brian tiene alguna razón para creer que podría encontrar ayuda allí?

🔑 «*... edificaré mi iglesia; y las puertas del Hades no pre-valecerán contra ella*» –Jesús (Mat. 16:18).

La iglesia no es lo que parece.

La mayoría de las personas piensan que es un edificio o un evento, o, si provienen de un trasfondo carismático, pueden pensar que «tuvieron algo de iglesia» cuando la tía Betty fue llena del Espíritu Santo y dio algunas vueltas alrededor de los bancos.

Si bien algunos utilizan la palabra «iglesia» de esta manera, no es exactamente correcta. Cuando Jesús dice que edificará Su iglesia, no está hablando de construir un edificio físico como en el que entró Brian. Está hablando de algo mucho más increíble.

Verás, la iglesia es en realidad un pueblo, no un lugar o una cosa.

La palabra «iglesia» significa «asamblea». Es una asamblea o reunión de personas que creen las buenas nuevas de Jesús. Creen que Jesús toma a personas que están lejos de Él y las convierte en Su pueblo por Su gracia. Eso quiere decir que mientras Brian estuvo sentado allí, estuvo en el edificio de una «iglesia» durante el servicio de una «iglesia», pero también estuvo con *la iglesia, el pueblo de Dios.*

🔑 «*Pero ahora en Cristo Jesús, vosotros que en otro tiempo estabais lejos, habéis sido hechos cercanos por la sangre de Cristo*» (Ef. 2:13).

La Biblia nos dice que todos comienzan del lado incorrecto con Dios. Éramos rebeldes. No lo amábamos ni obedecíamos Sus mandamientos. Y, debido a que Dios es bueno, nos juzgará. Él no permitirá que ningún mal, pequeño o grande, sea pasado por alto en Su universo.

A pesar de cómo hemos tratado a Dios, Él ha proporcionado una forma de que seamos perdonados. Dios envió a Su Hijo Jesús para que viviera una vida perfecta, muriera en una cruz para recibir el juicio por los pecadores y luego resucitara de entre los muertos a fin de dar nueva vida. En otras palabras,

> Jesús recibió la sentencia de muerte que *nosotros* merecíamos por nuestros pecados
>> y no solo perdona a quienes confían en Él,
>>> sino que también los introduce en Su familia como amados de Dios.

Aunque Brian no se dio cuenta cuando entró en el edificio esa mañana, había entrado a un lugar con gente igual que él. Por supuesto, provenían de diferentes ámbitos de la vida y es probable que se vieran diferentes a él en el exterior, pero cada persona tenía algo mucho más grande en común: todos necesitaban desesperadamente la misericordia de Dios.

Esto es lo que hace que la iglesia sea tan increíble. He oído decir que la iglesia no es un museo de personas que tienen todo bajo control, sino un hospital donde personas rotas reciben la ayuda de Dios y de los demás.

DETENTE

Si la iglesia es una reunión de personas que han sido rescatadas de su pecado, ¿qué crees que hace que esas personas sean únicas? ¿Cómo crees que deberían tratarse entre sí? ¿De qué crees que deberían hablar cuando pasan tiempo juntas?

ILUSTRACIÓN

Hace un tiempo viví en Texas. Cuando me mudé allí, esperaba ver muchos vaqueros y caballos, y así fue. ¿Pero sabes qué vi casi en todas partes? La bandera de Texas. La estrella de Texas ondeaba en banderas, paredes pintadas e incluso en tatuajes en la piel. A todos los lugares donde iba, veía el símbolo rojo, azul y blanco que declaraba: «Estás en Texas».

Llenas de personas que pertenecen a Dios, las iglesias deberían actuar de manera similar. Deberían mostrar que son suyas siendo

adoradoras,
santas
y amorosas.

«*Así que, recibiendo nosotros un reino inconmovible, tengamos gratitud, y mediante ella sirvamos a Dios agradándole con temor y reverencia; porque nuestro Dios es fuego consumidor*» (Heb. 12:28-29).

Todos adoran algo. Antes de convertirnos en cristianos, buscamos cosas como dinero, sexo, drogas, comida, comodidad o fama para encontrar paz y gozo. La Biblia los llama ídolos porque toman el lugar de Dios en nuestros corazones y reciben la devoción que solamente Él merece.

La buena noticia es que Jesús cambia nuestros corazones y eso transforma nuestra adoración.

La iglesia ha sido rescatada de adorar cosas falsas, y ahora nos dedicamos a adorar a Dios con reverencia y gozo.

La adoración ocurre cuando la iglesia se reúne para orar, cantar, oír y obedecer la Palabra de Dios. También sucede cuando las iglesias practican la Cena del Señor y el bautismo. Pero la adoración es un estilo de vida. Romanos 12:1 dice: «*Así que, hermanos, os ruego por las misericordias de Dios, que presentéis vuestros cuerpos en sacrificio vivo, santo, agradable a Dios, que es vuestro culto racional*».

La iglesia debe ser un pueblo que adora a Dios cuando se reúne y cuando se dispersa por el mundo.

« *Como hijos obedientes, no os conforméis a los deseos que antes teníais estando en vuestra ignorancia; sino, como aquel que os llamó es santo, sed también vosotros santos en toda vuestra manera de vivir; porque escrito está: Sed santos, porque yo soy santo*» (1 Ped. 1:14-16).

La iglesia es un pueblo llamado a ser santo.

La palabra «santo» significa «apartado». La iglesia está apartada del pecado y está apartada para Dios. Esto quiere decir que los miembros de una iglesia solían amar el pecado; solían hacer lo que quisieran. Pero ahora, debido a que Dios los ha rescatado, viven para Él. Luchan contra el pecado, viven para las cosas eternas y hacen lo que a Dios le agrada. Por supuesto, los cristianos no son perfectos, pero experimentan la victoria sobre el pecado.

« *Un mandamiento nuevo os doy: Que os améis unos a otros; como yo os he amado, que también os améis unos a otros. En esto conocerán todos que sois mis discípulos, si tuviereis amor los unos con los otros*» –Jesús (Juan 13:34-35).

La iglesia es un pueblo marcado por el amor.

Aman a Dios al obedecerle (Juan 14:15), y se aman unos a otros imitando Su amor por ellos (1 Jn. 4:11). Jesús mostró gran compasión, paciencia y sacrificio en Su amor hacia la iglesia. No fue egoísta cuando murió en la cruz. Fue un siervo que entregó Su vida para que otros pudieran vivir.

DETENTE

¿Cómo sería la iglesia si siempre se relacionara entre sí como Jesús se relacionó con ella? ¿Cómo se compararía eso con la manera en que se trata a las personas en el mundo?

BRIAN

Cuando Brian entró en el edificio, se sentó entre personas que eran diferentes a todo lo que había conocido. No parecían personas perfectas, pero sí parecían personas que estaban siendo transformadas. Brian aún no se daba cuenta, pero mientras se sentaba con la iglesia, se sentaba con personas que le mostrarían quién era Dios de una forma que nunca hubiera imaginado.

Debido a que el concepto de iglesia parece abstracto, la Biblia usa varias imágenes para ayudarnos a entender. Mientras investigamos, veremos que Dios dice que la iglesia es como

un cuerpo,
   una casa,
      una familia
         y una novia.

ILUSTRACIÓN

Es increíble cómo funciona el cuerpo. ¿Alguna vez has pensado en ello? En este momento, tus ojos ven estas palabras mientras tus manos sostienen el libro. Tus oídos escuchan ruidos y tus pies están listos para llevarte a donde necesites ir. Las partes de tu cuerpo trabajan juntas para ayudarte a hacer lo que desees. Eso es asombroso, ¿no es así?

La iglesia se describe de manera similar.

🔑 *«Porque así como el cuerpo es uno, y tiene muchos miembros, pero todos los miembros del cuerpo, siendo muchos, son un solo cuerpo, así también Cristo»* (1 Cor. 12:12).

Dios dice que la iglesia es como un cuerpo.

Así como un cuerpo físico sano tiene partes individuales que trabajan en conjunto, igual sucede en la iglesia. Cada persona forma parte de un todo, y cada parte es de vital importancia. Dios ha diseñado la iglesia para que trabaje al unísono para cumplir Sus propósitos en el mundo (Ef. 4:16). En un sentido muy concreto, la iglesia es las manos, los pies, los ojos y la boca de Dios en un mundo que necesita desesperadamente ver cómo es Él.

DETENTE

Si es cierto que Dios nos ha creado para contribuir al cumplimiento de Sus planes, ¿cómo cambia eso la forma en que pensamos sobre nuestro propósito en la vida? ¿Cómo cambia la forma en que una iglesia debe trabajar unida?

🅐 **ILUSTRACIÓN**

Las reuniones familiares son extrañas. Los parientes se reúnen para comer y ponerse al día con sus vidas. En las reuniones familiares encuentras a personas que conoces bien, personas cuyos nombres no recuerdas y personas que amas, pero que están un poco locas.

La iglesia se parece un poco a una reunión familiar. Cuando nos reunimos como iglesia, todos estamos relacionados, no por sangre, sino porque a través de Jesús somos una familia de inadaptados que han sido perdonados y unidos por el Espíritu de Dios.

Como en cualquier familia, puede haber relaciones difíciles, pero Dios nos da la gracia para ayudarnos a aprender a amarnos unos a otros.

«*Y seré para vosotros por Padre, y vosotros me seréis hijos e hijas, dice el Señor Todopoderoso*» (2 Cor. 6:18).

Cuando nos arrepentimos de nuestro pecado y creemos en Jesús, todas las relaciones que tenemos cambian. Dios se convierte en nuestro Padre. Jesús se convierte en nuestro hermano mayor (Heb. 2:11-13). Otros cristianos se convierten en nuestros hermanos y hermanas. Aunque nuestra familia de la iglesia tenga problemas, debemos caracterizarnos por amarnos unos a otros (Heb. 13:1).

BRIAN

Decir que la familia biológica de Brian era disfuncional sería un cumplido. Pero cuando él se unió a la iglesia, ingresó a una familia que era bastante diferente. Por supuesto, tenían problemas con el pecado que dificultaban sus relaciones, pero Jesús estaba edificando a esta familia en amor. Brian tenía una buena razón para ser escéptico con estos extraños, pero en la iglesia encontraría una familia que el amor mantendría unida.

DETENTE

¿Qué significaría para ti saber que tienes una nueva familia en Jesús? Cuando oyes que Dios es tu Padre, ¿qué sentimientos provoca eso en ti? ¿Cómo afecta la forma en que te relacionas con otros miembros de la iglesia cuando sabes que Dios dice que eres su hermano o hermana?

ILUSTRACIÓN

Mi casa se encuentra en una calle pequeña. Las paredes externas están hechas de cemento, tiene una cerca que impide que nuestros perros destrocen el vecindario y habitaciones llenas de muebles. ¿Qué hace que el lugar sea especial? Mi esposa e hijos que viven allí conmigo. Su presencia es lo que hace que el lugar sea especial.

Dios nos dice en la Escritura que los creyentes en Jesús son el lugar en el que habita Su Espíritu. Esto quiere decir que Su pueblo es muy especial para Él porque ha escogido vivir con ellos.

«Vosotros también, como piedras vivas, sed edificados como casa espiritual y sacerdocio santo, para ofrecer sacrificios espirituales aceptables a Dios por medio de Jesucristo» (1 Ped. 2:5).

«¿No sabéis que sois [plural] templo de Dios, y que el Espíritu de Dios mora en vosotros? Si alguno destruyere el templo de Dios, Dios le destruirá a él; porque el templo de Dios, el cual sois vosotros, santo es» (1 Cor. 3:16-17).

En los días previos a la llegada de Jesús, Dios eligió habitar en una casa llamada templo. Él no estaba *limitado* a ese lugar (Dios está en todas partes), pero en un sentido muy real, se humilló al habitar en un templo hecho de piedra.

> **Hizo esto para que Su pueblo pudiera estar cerca de Él y disfrutar de Su presencia.**

Pero cuando Jesús vino, todo cambió.

> **Dios ahora habitaba *entre nosotros* (Juan 1:14).**

Después de que Jesús resucitara de entre los muertos, Dios el Padre envió Su Espíritu para que viviera en Su pueblo. De nuevo, esto significa que la iglesia *no* es solo un edificio, sino un pueblo que tiene al Espíritu de Dios morando dentro de ellos (Ef. 2:19-22).

DETENTE

¿Qué dice sobre Dios el hecho de que Él escogiera vivir dentro de Su pueblo? ¿Cómo afecta esto la forma en que pensamos en Él como un Dios personal?

🅐 ILUSTRACIÓN

En casi todas las culturas, se celebra a la novia. El día de su boda, se viste maravillosamente y se prepara para su prometido. Su corazón está lleno de esperanza y amor. Después de su boda, será tratada con honor y amor mientras ama fielmente a su esposo.

Aunque muchos matrimonios son una mala ilustración de lo que Dios pretendía, hay una gran belleza en el regalo de Dios del matrimonio. El amor de un esposo por su esposa nos da una idea de la clase de amor que Dios siente hacia Su pueblo. Parecido al matrimonio, Dios

toma a Su pueblo,
hace un pacto con él,
y promete amarlo por el resto de su vida.

🗝️ «*Por esto dejará el hombre a su padre y a su madre, y se unirá a su mujer, y los dos serán una sola carne. Grande es este misterio; mas yo digo esto respecto de Cristo y de la iglesia*» (Ef. 5:31-32).

🗝️ «*Ven acá, yo te mostraré la desposada, la esposa del Cordero*» –Un ángel de Dios (Apoc. 21:9).

Aunque somos infieles a Dios por nuestro pecado, Él nos ha perdonado y entregado a Jesús como Su amada esposa. Jesús es un esposo fiel, que ama a Su iglesia con cuidado tierno y compasivo. Esto debería llevar a Su iglesia a amarlo con fidelidad y pureza (2 Cor. 11:2). También debería despertar en nosotros la gran expectativa de verlo cara a cara, por eso decimos con el resto del pueblo de Dios: «*Ven, Señor Jesús*» (Apoc. 22:20).

Debido a que la iglesia no se parece a nada de lo que hay en el mundo, Dios usa muchas ilustraciones para ayudarnos a comprender. Él desea que salgamos con esta impresionante realidad:

la iglesia es un pueblo amado por Dios.

Por razones que superan lo que podríamos imaginar, Él escoge tener una relación con Su pueblo y usa algunas de las metáforas más íntimas posibles para describirla.

DETENTE

¿Por qué crees que es importante que veamos a la iglesia como un pueblo en vez de un lugar? ¿De qué manera te anima la imagen de la iglesia como la esposa de Jesús? ¿Qué razones se te ocurren para explicar por qué Dios no debería amarte? ¿Cómo te anima el hecho de que lo haga? Si la iglesia fuera realmente un grupo de personas estropeadas que desean seguir a Jesús, ¿serías parte de ella?

BRIAN

Después del servicio, una pareja de ancianos se acercó a Brian. Se presentaron como Dave y Ashley, y comenzaron a hacerle preguntas sobre de dónde era y si había disfrutado el servicio. Luego de la breve charla, lo invitaron a almorzar a su casa. Aunque se sentía un poco inseguro, estaba agradecido por su amabilidad y decidió acompañarlos. También tenía algunas preguntas.

VERSÍCULO PARA MEMORIZAR

«¿No sabéis que sois templo de Dios, y que el Espíritu de Dios mora en vosotros?» (1 Cor. 3:16).

RESUMEN

La iglesia es un pueblo, no un lugar. Cuando los cristianos se reúnen como iglesia, oran, cantan y oyen la Palabra de Dios, todo mientras recuerdan a Jesús, quien murió por ellos, resucitó por ellos y un día pronto regresará para llevarlos a estar con Él para siempre.

¿CUÁL ES EL PUNTO?

Vamos a la iglesia
para crecer con Dios
y los demás.

CAPÍTULO 2

¿Por qué tengo que ir a la iglesia?

BRIAN

Brian observaba desde la mesa mientras Dave llenaba vasos de agua y Ashley llenaba platos con comida. La conversación fluyó de manera informal e incluyó muchas risas, más de las que Brian estaba acostumbrado. Sus preguntas parecían genuinas, incluso refrescantes.

«¿Realmente van a la iglesia todos los domingos?», bromeó Brian. Dave sonrió y le explicó que, a menos que estuvieran enfermos o algo imprevisto ocurriera, se reunían con la iglesia cada domingo. Lo habían hecho desde que se convirtieron en cristianos.

«De acuerdo, ¿pero tienen que ir a la iglesia todos los domingos?», preguntó Brian.

«Dios nos ordena reunirnos con otros cristianos, pero incluso si no lo hubiera ordenado, nos encanta ir», respondieron ellos. Esto le parecía extraño a Brian, pero en el fondo tenía sentido. Les preguntó si podían explicarle un poco más, y estuvieron felices de hacerlo.

DETENTE

¿Te has preguntado alguna vez si Dios realmente quiere que vayas a la iglesia? Y si lo hace, ¿por qué? ¿Qué preguntas tienes sobre la razón por la que las personas van a la iglesia?

Mientras estudias esta sección, tómate un tiempo para anotar los pensamientos que te llamen la atención, y habla de ello con un amigo cristiano.

La Biblia nos dice que Jesús resucitó de entre los muertos «el primer día de la semana», que habría sido un domingo (Mat. 28:1; Mar. 16:2; Luc. 24:1; Juan 20:1). Desde entonces, los cristianos en todo el mundo se han reunido los domingos para celebrar la resurrección de Jesús. Se congregan en medio de la paz y la persecución porque Dios ha transformado sus vidas.

Cuando las iglesias se reúnen, demuestran el amor de Dios.

El siguiente pasaje es una escena de la vida de la primera iglesia. Sus pecados habían causado la crucifixión de Jesús, pero Su salvación había transformado sus vidas (Hech. 2:22-41). Mientras lees, observa lo que hizo la iglesia debido a su nueva relación con Jesús.

«*Y perseveraban en la doctrina de los apóstoles, en la comunión unos con otros, en el partimiento del pan y en las oraciones. Y sobrevino temor a toda persona; y muchas maravillas y señales eran hechas por los apóstoles. Todos los que habían creído estaban juntos, y tenían en común todas las cosas; y vendían sus propiedades y sus bienes, y lo repartían a todos según la necesidad de cada uno. Y perseverando unánimes cada día en el templo, y partiendo el pan en las casas, comían juntos con alegría y sencillez de corazón, alabando a Dios, y teniendo favor con todo el pueblo. Y el Señor añadía cada día a la iglesia los que habían de ser salvos*» –El médico Lucas (Hech. 2:42-47).

Espero que hayas notado que esta iglesia no era un club social espiritual. Aquellos que eran culpables de la crucifixión de Cristo habían sido transformados en una iglesia de adoradores de Cristo. Dios les había dado una nueva vida que lo cambió todo.

En este capítulo, reflexionaremos sobre *cinco razones* por las que Dios llama a Su pueblo a reunirse cada semana. Comencemos.

1. EL PUEBLO DE DIOS SE REÚNE PARA ADORAR A DIOS.

La iglesia está constituida por personas que han sido transformadas por el Dios viviente mediante Su Palabra inspirada y registrada en la Biblia. En Hechos 2, estos creyentes recién bautizados (2:38) perseveraban en

la oración,
la doctrina de los apóstoles
y la Cena del Señor (2:42).
Estaban asombrados por el poder de Dios (2:43) y lo adoraban con corazones alegres y sinceros (2:46-47).

Esos elementos conforman las reuniones de una iglesia sana.

Los cristianos se reúnen los domingos para oír la enseñanza de la Palabra de Dios para poder aprender cómo obedecer mejor a Jesús y amar a los demás. Oran

confesando sus pecados,
agradeciendo a Dios por lo que ha hecho
y pidiéndole que haga más.

Alaban a Dios, a menudo por medio de cánticos o testimonios.

También comparten juntos la Cena del Señor como una forma de recordar el sacrificio de Jesús a su favor.

Entonar cánticos a Dios parece bastante extraño para muchos nuevos creyentes. Si este es tu caso, puede ser útil pensar en cómo funcionan los cánticos en la vida de una iglesia.

Pablo llama a la iglesia en Éfeso a adorar *«hablando entre vosotros con salmos, con himnos y cánticos espirituales, cantando y alabando al Señor en vuestros corazones»* (Ef. 5:19).

Los cánticos *sirven como oraciones* en las que alzamos nuestras voces a Dios, alabándole por quién es y por lo que ha hecho.

Los cánticos también sirven *como sermones* en los que dirigimos palabras sobre Dios «unos a otros».

Finalmente, los cánticos sirven *como testimonios personales* en los que proclamamos lo que creemos sobre Dios desde nuestros corazones.

Dios se deleita grandemente cuando Su pueblo se reúne con fe para adorarlo por todo lo que ha hecho por ellos en Jesús (Sal. 149:4).

2. EL PUEBLO DE DIOS SE REÚNE PARA RECIBIR LA PALABRA DE DIOS.

La Palabra de Dios nos enseña cómo adorarlo. En Hechos 2:42 vemos que *«perseveraban en la doctrina de los apóstoles»*. Estas personas habían experimentado el poder de la Palabra de Dios cuando el Espíritu de Dios la usó para darles una nueva vida. Habían nacido de nuevo, y la Palabra de Dios alimentaba su apetito espiritual.

Los apóstoles conocían a Jesús personalmente y habían sido enviados para enseñar a la gente lo que significaba seguirlo. Aunque no tenemos apóstoles en la actualidad, todavía tenemos sus enseñanzas inspiradas por el Espíritu Santo preservadas en la Biblia.

Vamos a la iglesia para oír la lectura de la Biblia (1 Tim. 4:13) y escuchar a los pastores explicar su significado y aplicación (Rom. 12:4-8). La iglesia primitiva se comprometió a consumir esta enseñanza vivificante. Eran el pueblo de la Palabra y nosotros deberíamos seguir sus pasos.

🅐 ILUSTRACIÓN

Mi amigo John solía traficar cocaína, pero Dios usó un sermón de Juan 3 para salvarlo. Antes de que John se convirtiera en cristiano, nunca había leído libros, pero durante sus dos primeros años como cristiano, leyó toda la Biblia cinco veces.

¿Por qué un extraficante de drogas dedicaría tanto tiempo a un libro? Porque sabe que la Biblia no es cualquier libro. Contiene las palabras de Dios.

Esto es lo que sucedió con la iglesia en **Hechos 2**: nuevos creyentes habían sido salvados de sus pecados y buscaban aprender más de Dios. Nosotros deberíamos hacer lo mismo.

> **Nuestras reuniones reflejan nuestra necesidad de oír a Dios.**

Leemos la Palabra de Dios, oramos la Palabra de Dios, cantamos la Palabra de Dios y predicamos la Palabra de Dios juntos como Su pueblo.

🅐 BRIAN

En ese momento, Brian detuvo la conversación y preguntó: «Sé que debería querer oír la Palabra de Dios, pero ¿qué pasa si no quiero? ¿Aún debería ir a la iglesia?».

Bueno, esa es una buena pregunta. ¿Qué le dirías a Brian?

Dave y Ashley explicaron que lo mejor que podemos hacer cuando nos sentimos así es leer y escuchar la Palabra de Dios de todos modos. Permíteme explicarte.

(A) **ILUSTRACIÓN**

Cuando estamos hambrientos físicamente, nuestro estómago gruñe, nuestro cuerpo tiembla, y algunos de nosotros nos ponemos de malhumor. Pero luego comemos, y el hambre queda satisfecha. Nuestro cuerpo obtiene lo que necesita y somos saciados.

El hambre espiritual funciona exactamente al revés.

Cuando consumimos comida espiritual a través de la oración y la recepción de la Palabra de Dios, nuestro apetito se despierta en lugar de suprimirse. Por tanto, cuando no tenemos el deseo de leer la Escritura, le suplicamos a Dios que nos ayude, y luego abrimos la Biblia y leemos con fe, creyendo que Dios se acercará a nosotros a medida que nos acerquemos a Él.

Vamos a la iglesia para aprender de la Palabra de Dios cuando tenemos ganas y cuando no, confiando en que Su Palabra nos da vida.

3. EL PUEBLO DE DIOS SE REÚNE PARA AMARSE Y SERVIRSE MUTUAMENTE

«Este mandamiento nuevo les doy: que se amen los unos a los otros. Así como yo los he amado, también ustedes deben amarse los unos a los otros. De este modo todos sabrán que son mis discípulos, si se aman los unos a los otros» (Juan 13:34-35, NVI).

Una relación con Jesús transforma la forma en que vemos todos los aspectos de la vida, especialmente la manera como pensamos en otras personas. Dios nos libera de utilizar a las personas y nos capacita para amarlas y servirlas. Por tanto, cuando nos reunimos como iglesia, desarrollamos los tipos de relaciones en las cuales el amor de Dios se hace visible (1 Jn. 4:9-12).

La iglesia en Hechos 2 se caracterizaba por un amor servicial. Su amor no era falso. Mientras se reunían, Dios les decía cómo amarse unos a otros. Comían juntos, reían juntos, lloraban juntos, celebraban juntos y compartían la forma en que Dios estaba obrando entre ellos. Durante estas conversaciones, se daban cuenta de las necesidades y hacían todo lo posible por suplirlas.

En Hechos 2:44-46, encontramos una comunidad de personas que se amaban práctica y sacrificialmente. Si alguien estaba necesitado, no lo estaba por mucho tiempo, porque eran un cuerpo, una familia. En otras palabras, eran una iglesia. Esta clase de amor sacrificial y práctico es una de las principales marcas de alguien que ha nacido de nuevo, así como de toda iglesia sana.

A **ILUSTRACIÓN**

En Efesios 4:28 (NVI) Pablo dice a la iglesia: «*El que robaba, que no robe más, sino que trabaje honradamente con las manos para tener qué compartir con los necesitados*».

Cuando un ladrón es salvo, deja de robar. Pero no solo deja de robar, consigue un empleo. Pero no solo consigue un empleo para acumular cosas para sí mismo, trabaja para poder compartir con otros que puedan estar necesitados. ¡Esa es una verdadera transformación!

Los cristianos se reúnen como iglesia para desarrollar relaciones. Los antiguos pecadores que usaban a las personas han sido transformados en siervos que aman a los demás. Esta comunidad se caracteriza por el tipo de amor que Jesús nos mostró (1 Jn. 3:16-18).

DETENTE

¿Cómo afecta el no ir a la iglesia tu posibilidad de ser amado por otros cristianos?

¿Cómo afecta el dejar de ir tu posibilidad de amar a los demás?

¿Qué habría pasado si Dave y Ashley simplemente hubieran decidido no ir a la iglesia ese domingo? Dios ciertamente hubiera cuidado de Brian de otra manera, pero él se habría perdido su amor.

4. EL PUEBLO DE DIOS SE REÚNE PARA LUCHAR JUNTOS CONTRA EL PECADO.

«Mirad, hermanos, que no haya en ninguno de vosotros corazón malo de incredulidad para apartarse del Dios vivo; antes exhortaos los unos a los otros cada día, entre tanto que se dice: Hoy; para que ninguno de vosotros se endurezca por el engaño del pecado» (Heb. 3:12-13).

La carta a los Hebreos fue escrita a una congregación que se encontraba bajo gran presión para dejar a Jesús y regresar a sus antiguas vidas. Venir a Jesús había sido costoso. Los amigos les habían dado la espalda. Los familiares los habían repudiado. Los jefes los habían despedido. Las tentaciones para pecar giraban a su alrededor.

Dios ha hecho de la iglesia un refugio para Su pueblo. En la comunidad de creyentes, Dios brinda la clase de relaciones que nos ayudan a seguir a Jesús. El calor de la persecución y la atracción de la tentación bombardean constantemente al creyente, pero la iglesia marcha unida mientras cada miembro continúa con fe hacia el cielo.

ILUSTRACIÓN

Nunca he ido a la guerra, pero tengo amigos que sí. Uno de los elementos más básicos de la guerra es que no vas solo a la batalla. Necesitas compañeros que te alienten, te cuiden las espaldas y te carguen si estás herido. Seguir a Jesús es una batalla espiritual en la que necesitamos que otros nos ayuden a luchar contra el pecado.

Esta es la razón por la que el autor de Hebreos dijo a la iglesia: «*Mirad, hermanos*». Debían estar en guardia, vigilando con una atención constante los peligros que acechaban. La iglesia debía cuidarse a sí misma como un todo, pero había igual preocupación por cada miembro individual.

¿De qué tenían que cuidarse?

Tenían que asegurarse de que sus corazones no se volvieran indiferentes a Dios, lo que los llevaría a dejar de seguir Sus caminos. Nuestros corazones son inconstantes y propensos a ser engañados. Por esa razón, somos llamados a «*[exhortarnos] los unos a los otros cada día*». La iglesia tiene la responsabilidad diaria de animarse mutuamente a resistir las mentiras del pecado. Parte de lo que significa ser cristiano es que regularmente estás siendo exhortado *y* que tú regularmente estás exhortando a otros a seguir a Jesús.

Deberíamos ser implacables al exhortarnos unos a otros porque el pecado es implacable en su engaño. El pecado parece inofensivo, pero, así como el monóxido de carbono puede llenar una casa sin ser detectado, lentamente acaba con tu vida espiritual, endureciendo tu corazón hacia Dios. Comienza pequeño, pero con el tiempo, te consume. Afortunadamente, Dios usa a hermanos creyentes para mantener nuestros corazones sensibles a Dios, lo cual nos permite perseverar hasta el final y heredar la salvación.

BRIAN

Durante los próximos días, Brian habló con sus amigos sobre la iglesia. En lugar de animarlo, le aseguraron que la iglesia le lavaría el cerebro y lo volvería presumido. Sintió la presión de dejar atrás lo que había escuchado. Pero la noche antes de ir la iglesia, recibió un mensaje de texto de Dave pidiéndole que se sentara con ellos en la iglesia al día siguiente. Esto ayudó a Brian a decidirse.

DETENTE

*¿Qué tan importante crees que es tener amigos cristianos?
¿Cuáles son las formas particulares en que eres tentado a
alejarte de Jesús?
¿Cómo podrían otros cristianos ayudarte a resistir estas
tentaciones?*

5. EL PUEBLO DE DIOS SE REÚNE PARA EDIFICARSE MUTUAMENTE HASTA QUE VEAMOS A JESÚS.

*«Y considerémonos unos a otros para estimularnos al
amor y a las buenas obras; no dejando de congregarnos, como
algunos tienen por costumbre, sino exhortándonos; y tanto
más, cuanto veis que aquel día se acerca»* (Heb. 10:24-25).

Muchas personas acuden a la iglesia de la misma
manera en la que acuden a un bufé o a un centro
comercial. Van como consumidores con preferencias
que esperan satisfacer. Si bien es cierto que deberíamos
beneficiarnos de un servicio de la iglesia, Dios tiene un
propósito mucho más grande. Nos reunimos para ayudar
a otros a crecer en amor y servicio a Dios.

En estos versículos encontramos varios mandatos que
deben aplicarse continuamente. Establecen una mentali-
dad, una forma en la que la iglesia debería pensar cuando
se reúne y se dispersa.

Como cristianos, Dios dice que debemos

considerarnos unos a otros,
mirarnos unos a otros,
pensar los unos en los otros,
estudiarnos unos a otros,

todo con el propósito de estimularnos al amor y a
las buenas obras.

«Estimular» significa hacer algo a fin de obtener una
respuesta. De mala manera, es lo que solía hacerle a mi

hermanita, para hacerla llorar. Como cristianos, hacemos exactamente lo opuesto. Nos cuidamos entre nosotros, no de una manera espeluznante, sino de una manera amorosa que aprecia los dones de Dios y las oportunidades que todos tenemos de usar nuestros dones.

A ILUSTRACIÓN

Nancy era viuda. Después de que su esposo falleciera, mantener la casa en orden se volvió demasiado para ella. Por tanto, Jeremías reunió a miembros de nuestra iglesia para ayudar. Hizo que personas cortaran su césped, organizaran sus pertenencias para una venta de garaje, pusieran en orden sus finanzas y una serie de otras necesidades prácticas. Jeremías vio una oportunidad de servicio, y ayudó a estimular a la iglesia al amor y a las buenas obras.

Dios sabe que necesitamos ayuda para ser más amorosos, más santos, más propensos a hacer buenas obras. El amor no solo *sucede*. Debe alentarse y cultivarse.

Por eso, se nos advierte que «*no [dejemos] de congregarnos*». Si dejamos de congregarnos, el amor y las buenas obras entre el pueblo de Dios menguarán, el crecimiento espiritual personal se atrofiará, el evangelismo se estancará y finalmente podríamos dejar de seguir a Jesús.

Hebreos ofrece serias advertencias sobre nuestra necesidad de perseverar en la fe. También resalta que la reunión de la iglesia es una de las formas en que Dios nos ayuda a perseverar. Esta es la razón por la que debemos «*[exhortarnos]; y tanto más, cuanto veis que aquel día se acerca*».

¿A qué se refiere la Biblia con aquel «*día*»? Es el día en el que Jesús regresará; es nuestra gran esperanza. «*[Amamos] su venida*» (2 Tim. 4:8) y sabemos que incluso ahora estamos más cerca de verlo que cuando creímos por primera vez (Rom. 13:11). Esta verdad es el enfoque central para los cristianos. Es lo que guía nuestras esperanzas y conforta nuestros corazones. Nos recordamos día tras día que ya casi llegamos a casa.

Pero mientras el día del regreso de Jesús se aproxima, la oposición de Satanás en contra de la iglesia aumenta. Jesús advirtió que antes de regresar: «*Muchos tropezarán entonces, y se entregarán unos a otros, y unos a otros se aborrecerán. Y muchos falsos profetas se levantarán, y engañarán a muchos; y por haberse multiplicado la maldad, el amor de muchos se enfriará*» (Mat. 24:10-12).

Satanás hace todo lo que puede para impedir que los cristianos sigan a Jesús. Una de sus artimañas es enfriar el amor entre los cristianos. Busca causar división y disgusto entre nosotros.

Pero Dios nos llama a resistir al tentador teniendo una creciente urgencia e intensidad en nuestro amor mutuo. Esta clase de amor y madurez espiritual se cultiva estando involucrados activamente en una iglesia local sana.

DETENTE

¿Qué te sorprende del plan de Dios de usar a la iglesia local para ayudar a las personas a obedecer a Jesús?
¿Cómo podría ayudarte una iglesia sana a seguir las enseñanzas y el ejemplo de Jesús?
¿Qué preguntas tienes todavía en relación con la importancia de ir a la iglesia?

 BRIAN

No sabía por qué, pero cuando Brian escuchó a Dave y Ashley describir el amor de la iglesia primitiva, comenzó a llorar. Mientras estaba sentado en su mesa, sintió que esta iglesia de Hechos 2 cobraba vida justo ante sus ojos. Dios le estaba proveyendo una comida, pero más importante, le estaba presentando a una nueva familia que realmente lo amaría y lo ayudaría a caminar con Dios.

VERSÍCULO PARA MEMORIZAR

«Y considerémonos unos a otros para estimularnos al amor y a las buenas obras; no dejando de congregarnos, como algunos tienen por costumbre, sino exhortándonos; y tanto más, cuanto veis que aquel día se acerca» (Heb. 10:24-25).

RESUMEN

Aunque no siempre «tengamos ganas», los cristianos vamos a la iglesia regularmente, para fortalecer y ser fortalecidos por la comunión con otros hermanos, para oír la predicación de la Palabra de Dios y para alabarle en respuesta.

¿CUÁL ES EL PUNTO?

Qué buscar en una iglesia.

CAPÍTULO 3

¿Qué es una iglesia verdadera?

BRIAN

Brian comenzó a observar las iglesias en la ciudad. Las había visto antes, pero nunca les había prestado mucha atención. Había «primeras» iglesias e iglesias «unidas». Había iglesias metodistas e iglesias bautistas, iglesias católicas y tabernáculos mormones. Había iglesias modernas y tradicionales.

Todo esto confundió a Brian. Así que hizo lo que siempre hacía cuando tenía una pregunta; le envió un mensaje a Dave: «¿Por qué hay tantas iglesias? ¿No creemos todos en el mismo Dios?».

Dave se rio y respondió que deberían tener esa conversación en persona.

Al día siguiente en el desayuno, Dave felicitó a Brian por hacer una pregunta tan buena. Le explicó que probablemente sea útil intentar responder en dos partes.

Primero, acordaron revisar la diferencia entre una iglesia verdadera y una iglesia falsa. No todo grupo que se llame cristiano realmente lo es, y conocer la diferencia es fundamental. Segundo, escogieron hablar sobre por qué había tantos tipos diferentes de iglesias cristianas verdaderas. Aunque los cristianos creen las mismas verdades básicas, hay algunas cuestiones de convicción que llevan a los creyentes fieles a separarse, en el mejor de los casos, de una manera pacífica.

Abordaremos la primera parte en este capítulo y la segunda parte en el próximo.

CUIDADO CON LOS FALSOS MAESTROS

«Guardaos de los falsos profetas, que vienen a vosotros con vestidos de ovejas, pero por dentro son lobos rapaces. Por sus frutos los conoceréis. ¿Acaso se recogen uvas de los espinos, o higos de los abrojos? Así, todo buen árbol da buenos frutos, pero el árbol malo da frutos malos. No puede el buen árbol dar malos frutos, ni el árbol malo dar frutos buenos. Todo árbol que no da buen fruto, es cortado y echado en el fuego. Así que, por sus frutos los conoceréis» (Mat. 7:15-20).

Jesús advirtió que los falsos maestros vendrían.

Estos guías engañosos se abren paso en las iglesias y distorsionan la verdad (Jud. 4).

Tuercen la Palabra de Dios y le dicen a la gente lo que desea oír (1 Tim. 6:5; 2 Tim. 4:3-4).

Venden un falso evangelio que promueve la inmoralidad, y hacen un mal uso de la autoridad para aprovecharse de la novia de Jesús (2 Ped. 2:1-3).

Los falsos maestros son lobos que se disfrazan con un lenguaje que suena cristiano. Aparentan seguir a Dios, pero no lo hacen. Lideran iglesias que *hablan* de Dios y el evangelio, pero en realidad hablan de un dios y un evangelio falsos.

Entonces, ¿cómo podemos diferenciar a las iglesias verdaderas de las falsas?

Jesús nos dice: *«Por sus frutos»*. Cuando examinamos la Escritura, encontramos que hay tres características que distinguen a una iglesia verdadera. Cuando estas características faltan, puedes estar seguro de que estás viendo una iglesia falsa.

Basta de preámbulos. Las tres marcas de una iglesia verdadera son las siguientes: la predicación del evangelio puro, la correcta administración del bautismo y la Cena del Señor, y el cuidado de la santidad de la iglesia a través de la disciplina de la iglesia.

1. PREDICA EL EVANGELIO PURO

«El tiempo se ha cumplido, y el reino de Dios se ha acercado; arrepentíos, y creed en el evangelio» –Jesús (Mar. 1:15).

Jesús predicó las buenas nuevas del reino de Dios desde el inicio hasta el final de Su ministerio en la tierra.

Después de Su resurrección, encargó a Sus discípulos que hicieran lo mismo (ver capítulo 9 para más información al respecto). La buena noticia de que Jesús murió en nuestro lugar y resucitó para nuestra justificación es la piedra angular sobre la cual todos los creyentes apoyan su destino eterno.

Si una iglesia no predica esta buena noticia, entonces no es una iglesia verdadera.

Jesús dijo que a menos que alguien edifique su vida sobre Él y obedezca Sus enseñanzas, está edificando sobre arena que no resistirá en el día del juicio (Mat. 7:24-27). Pablo dijo que el evangelio era de suma importancia cuando escribió a la iglesia en Corinto (1 Cor. 15:1-5). Esto es vital porque el evangelio es *«poder de Dios para salvación a todo aquel que cree»* (Rom. 1:16).

ⒶILUSTRACIÓN

Imagina que tienes ganas de cenar carne. Tus amigos y tú conducen a un restaurante local. Cuando llegas, todo luce genial. Hay fotografías de vacas en la pared, cuchillos afilados en la mesa y olores deliciosos llenan el aire.

¿Pero qué sucede si el mesero sirve la comida y encuentras tu plato lleno con un trozo de tofu? Ciertamente pensarías muchas cosas, pero una de ellas seguramente sería: «¡Esto no es carne!». Lamentablemente, este es el mismo escenario al que acuden las personas cuando visitan muchas iglesias en la actualidad. Acuden esperando ser alimentadas con la Palabra de Dios, pero en cambio les sirven algodón de azúcar.

ⒶBRIAN

Brian entendía que tener el evangelio era esencial para una iglesia verdadera, pero no sabía qué esperar exactamente. Entonces preguntó: «¿A qué debería prestar atención para saber si una iglesia está predicando el verdadero evangelio?».

Dave le explicó que se necesitaba discernimiento y sugirió cuatro cosas.

1. Debe predicar al Dios verdadero.

El Dios verdadero se nos presenta en el evangelio verdadero. El Dios de la Biblia es el único Dios que ha existido eternamente como tres personas distintas:

Dios el Padre,
Dios el Hijo
y Dios el Espíritu Santo.

Aunque esta verdad es misteriosa, nunca debe negarse. Algunas iglesias falsas la negarán. Por ejemplo:

Los mormones creen que nuestro Dios es uno entre muchos dioses.

Los testigos de Jehová niegan que Jesús sea Dios.

Los pentecostales unitarios niegan la naturaleza trina de Dios.

Cualquier supuesto evangelio que te apunte a creer en un dios falso es un evangelio falso. Las iglesias verdaderas honran a Dios presentándolo como Él mismo se ha revelado en la Escritura.

2. *Debe predicar sobre el pecado.*

En la actualidad, muchas iglesias buscan que la gente se sienta bien consigo misma a un gran costo. Pero la Biblia es muy clara en que todos hemos pecado gravemente contra un Dios santo, desobedeciendo Su ley (Rom. 3:10-18,23). Este pecado es grave y conduce a la muerte espiritual, física y eterna (Rom. 6:23).

Restarle importancia a nuestra rebelión contra Dios es peligroso y engañoso.

Las iglesias verdaderas buscarán ayudar a las personas a ver su posición ante un Dios santo a la luz de lo que Él dice en la Biblia. Su objetivo *no* es hacer que las personas se sientan mal, sino alertarlas en amor de su necesidad de ser perdonadas y del perdón que Dios ha provisto a través de Jesús (Isa. 1:18).

3. *Debe predicar solo la gracia, solo mediante la fe, solo en Cristo.*

Cualquier evangelio que nos tiente a confiar en nuestras buenas obras para apaciguar la ira de Dios es un evangelio falso. Uno de los errores más trágicos que plaga a la iglesia es el evangelio basado en las obras. Este supuesto evangelio dice que Jesús es importante, pero que, para ser aceptados por Dios, también debemos tener una combinación de asistencia a la iglesia, bautismo, buenas obras, donaciones financieras y la lista continúa.

> **El evangelio que salva declara sin vergüenza que el perdón de nuestros pecados es un regalo inmerecido de parte de Dios.**

Es solo por la gracia. Solo puede aceptarse creyendo en lo que Jesús ha hecho a nuestro favor. Se recibe solo mediante la fe, y el enfoque de nuestra fe se encuentra completamente en la vida perfecta, la muerte sustitutiva y la resurrección corporal de Jesús. Solo en Cristo.

«Porque por gracia sois salvos por medio de la fe; y esto no de vosotros, pues es don de Dios; no por obras, para que nadie se gloríe» (Ef. 2:8-9).

El evangelio verdadero le da a Dios toda la gloria porque en ese día final, nadie entrará al cielo por sus propios méritos. Todos los que soporten el juicio de Dios, lo harán no porque sean perfectos, sino porque Jesús fue perfecto en su lugar. Un evangelio que añade cualquier cosa a la obra de Jesús no es en absoluto el evangelio, sino una peligrosa mentira que lleva a las personas a la condenación (Gál. 1:8-9).

4. Debe predicar la necesidad del arrepentimiento.

> **Cualquier evangelio que no afecte radicalmente la forma en que vivimos es un evangelio falso.**

Por esta razón, Jesús dijo: *«Si alguno quiere venir en pos de mí, niéguese a sí mismo, tome su cruz cada día, y sígame»* (Luc. 9:23). Seguirlo en fe implica morir a nuestra antigua manera de vivir.

En otras palabras, la fe y el arrepentimiento son dos caras de la misma moneda. Para seguir a Jesús, debemos alejarnos de nuestra vida pecaminosa y volvernos a Él y a Sus caminos. Este giro es lo que la Biblia llama arrepentimiento.

Desafortunadamente, muchas iglesias en la actualidad promueven la falsa idea de que, si simplemente haces una oración a Dios, caminas hasta el altar de la iglesia o haces algún tipo de profesión pública, entonces no se necesita nada más. Esto no puede estar más lejos de la verdad.

La Biblia enseña que cuando estamos unidos a Jesús por la fe, somos justificados (declarados justos) a los ojos de Dios. Esa justificación se evidencia mediante actos de fe y obediencia que prueban que realmente hemos nacido de nuevo. Esta transformación puede ser lenta e incluirá fracasos, pero si somos nuevas criaturas, habrá evidencia. Luchar mediante la fe para complacer a Dios hasta el final debe caracterizar la vida del creyente. Cualquier evangelio que no te llame a obedecer a Dios es un evangelio falso.

DETENTE

Al haber estado en iglesias, ¿has escuchado estos elementos esenciales de la enseñanza fiel?
¿Por qué crees que una iglesia debe ser clara en cada uno de estos elementos? ¿Qué pasa si no lo es?

Toda iglesia que afirme representar a Jesús, pero no crea, proclame y defienda las buenas nuevas de Jesús es una iglesia falsa. Por otro lado, toda iglesia que declare, se deleite y contienda por el evangelio es una iglesia verdadera.

De todas las marcas de una iglesia verdadera, esta primera es la más importante. Lo que siguen son implicaciones de la primera. Si la Palabra se enseña correctamente, servirá para moldear correctamente todas las demás partes de la vida de la iglesia. Pero si se enseña incorrectamente, todo lo demás indudablemente sufrirá.

2. ADMINISTRA FIELMENTE EL BAUTISMO Y LA CENA DEL SEÑOR

«*Porque somos sepultados juntamente con él para muerte por el bautismo, a fin de que como Cristo resucitó de los muertos por la gloria del Padre, así también nosotros andemos en vida nueva*» (Rom. 6:4).

Jesús dio a Su iglesia el bautismo y la Cena del Señor como ordenanzas, algunos los llaman «sacramentos», que deben administrar.

1. Deben hacerse en concordancia con la predicación del evangelio.

Las ordenanzas hacen visible la palabra del evangelio. Cuando alguien se bautiza, se nos da una imagen de lo que sucede cuando un pecador se une a Jesús por la fe. Asimismo, cuando participamos de la Cena del Señor, participamos de los símbolos físicos que nos recuerdan el cuerpo de Jesús y la sangre que fueron dados por nuestros pecados.

Ni el bautismo ni la Cena del Señor deben realizarse de una manera que los separe de la obra culminada de Jesús. Ser bautizado no nos hace aceptables ante Dios. No nos da ninguna clase de gracia justificadora. En cambio,

> **el bautismo sirve como un símbolo físico de la realidad espiritual de que un pecador ha sido vivificado por Jesús.**

De la misma forma, participar del pan y la copa en la Cena del Señor nunca debería considerarse una forma de obtener alguna especie de gracia que asegure nuestra posición ante Dios. No podemos añadir nada a la obra culminada de Jesús. Antes bien, la Cena del Señor está destinada a ser una celebración sobria de fe que se regocija en la muerte de Jesús por nosotros. De hecho, esto es lo que Jesús enseñó cuando dijo: «Haced esto en memoria de mí» (1 Cor. 11:24-25).

Las iglesias verdaderas celebran las ordenanzas como ilustraciones del evangelio; las iglesias falsas a menudo las convierten en una manera de ganar nuestra posición ante Dios.

2. Deben practicarse por la fe.

El bautismo y la Cena del Señor tienen por objeto empujar el corazón del creyente hacia la fe y el deleite de Dios. Por eso, siempre deben participar los que tienen fe.

Una manera en que las iglesias falsas abusan de las ordenanzas es invitando a los no creyentes a participar en ellas.

Por ejemplo, hay una iglesia cerca de mi casa que se jacta de permitir que cualquiera asista a la Cena del Señor. Mientras dicen: «Todos son bienvenidos, no se hacen preguntas». Su invitación parece amorosa, pero no lo es. Reducir la Cena del Señor exclusivamente a un símbolo de inclusión que no requiere arrepentimiento ni fe es una blasfemia que incita al juicio de Dios.

Las ordenanzas sirven como imágenes visibles del evangelio y deben administrarse como siervos del mensaje del evangelio. Nunca tuvieron la intención de socavar la importancia del evangelio, en cambio, la refuerzan mientas la iglesia participa de ellas.

Las iglesias verdaderas administran las ordenanzas de acuerdo con el mandato de la Biblia; las iglesias falsas las utilizan para promover sus agendas sociales, políticas o humanistas.

A **ILUSTRACIÓN**

Ben y Jill se preparaban para celebrar su vigésimo aniversario. Ben compró tarjetas y le escribió a Jill dulces poemas de amor. Limpió su anillo de bodas y recitó sus votos frente al espejo. Se cortó el cabello y se vistió con un traje nuevo. Cocinó una cena elegante y puso champán en hielo mientras música romántica llenaba el ambiente.

Si bien puede parecer que Ben se estaba luciendo, había un problema. Ben nunca habló con su esposa en todo el día. Las tarjetas se quedaron en su escritorio. Nunca sostuvo su mano ni la miró a los ojos. Ni siquiera le dirigió una sola palabra. Si fueras la esposa de Ben, ¿qué le dirías? Podrías decirle que todas las cosas que hizo fueron absolutamente insignificantes porque realmente no tuvieron nada que ver con ella. Él parecía amar más la idea del aniversario que a su esposa.

Esto es sorprendentemente similar a una iglesia que realiza rituales sin la verdad del evangelio y la fe vivificadora. Las iglesias verdaderas se esfuerzan por cumplir las ordenanzas como un acto de adoración y no como fines en sí mismas.

B **BRIAN**

Mientras Dave describía el significado detrás de las ordenanzas, Brian se sentía profundamente animado. Había crecido alrededor de personas que practicaban rituales religiosos, pero no tenían amor por Dios. Aunque no amaba a Dios en ese momento, su farsa piadosa molestaba a Brian. Escuchar que a Dios le disgustaban tales conductas le dio paz a Brian. Cuanto más escuchaba, más deseaba ser parte de una iglesia que no solo cumpliera con las formalidades, sino que verdaderamente amara a Dios.

DETENTE

¿Por qué crees que Dios nos ha dado ilustraciones visibles del evangelio?

¿Cómo puede ayudar a que crezca tu fe en Jesús el participar de las ordenanzas correctamente?

¿Por qué crees que algunas iglesias terminan realizando rituales vacíos en lugar de descansar en la obra culminada de Jesús?

3. PRACTICA LA DISCIPLINA DE LA IGLESIA PURIFICADORA

«Como hijos obedientes, no os conforméis a los deseos que antes teníais estando en vuestra ignorancia; sino, como aquel que os llamó es santo, sed también vosotros santos en toda vuestra manera de vivir; porque escrito está: Sed santos, porque yo soy santo» (1 Ped. 1:14-16).

Cuando Dios salva a las personas, las llama a formar parte de Su cuerpo, la iglesia. La iglesia debe ser un reflejo corporativo de Su carácter. Esto quiere decir que

una iglesia verdadera es una iglesia santa.

Como vimos en el capítulo 1, la palabra «santo» significa estar apartado. La iglesia es llamada a estar apartada del pecado y a estar apartada para Dios. La santidad de una iglesia se ve de forma más clara en

el amor y la obediencia a Dios (Juan 14:15)
y el amor que se tienen unos a otros (Juan 13:34-35).

Una iglesia verdadera se esfuerza por luchar juntos contra el pecado. Puesto que aman a Dios y desean honrarlo, confesarán sus pecados y se arrepentirán de ellos diligentemente. Una iglesia falsa realmente no se preocupa por la santidad. Se contenta con tener lecciones morales aplicables a todos en general, pero la verdadera rendición de cuentas se considera intrusiva y prejuiciosa. A las iglesias falsas también les interesa la santidad por las razones equivocadas. Tal vez ven las buenas obras como una forma de ser justificados ante Dios.

Debido a que Jesús desea que Su iglesia sea santa, instituyó una práctica llamada la disciplina de la iglesia (Mat. 18:15-20). La disciplina de la iglesia se refiere a la manera en la cual los miembros de una congregación se rinden cuentas unos a otros conforme a la Palabra de Dios. Hay varios pasos en el proceso, pero al final, puede resultar en que alguien sea retirado de la membresía de una iglesia local.

El propósito de este tipo de amor intrusivo es reconciliar a los creyentes extraviados con Dios y la iglesia. Al igual que con las ordenanzas, cubriremos más la disciplina de la iglesia en otro capítulo (capítulo 8), pero por ahora, consideremos dos razones por las que la disciplina debe estar presente en una iglesia verdadera.

1. La disciplina de la iglesia protege la reputación de Jesús.

De todas las cosas que dan mala reputación a Jesús y a Su iglesia, la hipocresía está casi en el tope de la lista. He escuchado a innumerables incrédulos rechazar ideas de la Biblia debido a «todos los hipócritas» que llenan las iglesias. Algunas de las palabras más fuertes de Jesús fueron en contra de los hipócritas religiosos que fingían conocer a Dios, pero vivían como si no lo hicieran (Mat. 7:5, 15:7, 23:1-39). Sin embargo, las iglesias verdaderas se preocupan por lo que las personas piensan de Dios, por lo que practican la disciplina eclesiástica para proteger Su nombre.

2. La disciplina de la iglesia protege las almas de las personas.

Cuando una iglesia confronta el pecado en la vida de una persona, tiene un efecto aleccionador para todos los involucrados.

A la persona extraviada, la alerta del peligro que viene de ceder a las tentaciones del pecado (Sant. 5:19-20).
A las personas que buscan ayudar al pecador extraviado, les recuerda estar en guardia ante sus propias debilidades (Gál. 6:1-2).
A la iglesia en su conjunto, la humilla recordándole cuán susceptibles somos todos de caer en el engaño del pecado (1 Tim. 5:20).
Y finalmente, confrontar el pecado sirve como testimonio a todos de que, en verdad, viene el día del juicio final, y que debemos abordar nuestro pecado hoy, antes de que sea demasiado tarde (1 Cor. 5:1-13).

A una iglesia falsa no le preocupa la gloria de Dios o ayudar a la gente a evitar el juicio final. Esa clase de ambiente es un lugar peligroso para el alma de cualquier persona. Una iglesia verdadera sabe que la Palabra de Dios no solo debe proclamarse, también debe recibirse y aplicarse con fe. Parte de esa aplicación es la práctica de la disciplina de la iglesia.

DETENTE

¿Alguna vez estuviste rodeado de hipócritas religiosos? De ser así, ¿cómo afectaron la manera en que veías a Dios y lo que Él dice en la Biblia?
¿Has estado alguna vez en una iglesia que se preocupa lo suficiente como para responsabilizarse mutuamente por la forma en que viven?
Si los miembros de la iglesia que hacen esto son conscientes de cuánto les ha perdonado Jesús, ¿cómo crees que afectaría la forma en que llevan a cabo esta rendición de cuentas?

BRIAN

A Brian le sorprendió saber que algunas iglesias realmente no eran iglesias en absoluto. Esto provocó una extraña mezcla de tristeza y enojo. También estaba agradecido de saber que la iglesia a la que él y Dave asistían parecía preocuparse por las cosas que a Dios le preocupan. Pero eso le hizo pensar en la segunda parte de su pregunta: ¿por qué hay tantos tipos diferentes de iglesias verdaderas?

VERSÍCULO PARA MEMORIZAR

«Guardaos de los falsos profetas, que vienen a vosotros con vestidos de ovejas, pero por dentro son lobos rapaces. Por sus frutos los conoceréis. ¿Acaso se recogen uvas de los espinos, o higos de los abrojos? Así, todo buen árbol da buenos frutos, pero el árbol malo da frutos malos» (Mat. 7:15-20).

RESUMEN

Buscar discernir lo que caracteriza a una iglesia verdadera no es una labor arrogante. En cambio, es una respuesta de humildad, fe y amor. Es humilde porque se rinde a la voluntad de Dios y a la Palabra de Dios. Es fiel porque nos obliga a actuar con base en lo que Dios ha revelado. Y es amoroso porque orienta nuestros pensamientos y acciones correctamente hacia Dios y hacia nuestro prójimo.

¿CUÁL ES EL PUNTO?

Unidos en amor a pesar de nuestras diferencias.

CAPÍTULO 4

¿Por qué hay tantas iglesias diferentes?

BRIAN

La diferencia entre una iglesia verdadera y una iglesia falsa tenía sentido para Brian. Pero seguía confundido sobre por qué tantas iglesias verdaderas se reunían por separado. Admitió que podría ser un poco ingenuo, pero no podía entender por qué iglesias que amaban al mismo Dios y creían en la misma Biblia discrepaban lo suficiente como para no adorar juntas.

DETENTE

¿Por qué crees que hay tantas iglesias diferentes?
¿Qué malas razones podrían tener los cristianos para adorar por separado?
¿Puedes pensar en alguna buena razón?
¿Crees que a Dios le complace la gran variedad de iglesias?
¿Por qué sí o por qué no?

«Mas no ruego solamente por éstos, sino también por los que han de creer en mí por la palabra de ellos, para que todos sean uno; como tú, oh Padre, en mí, y yo en ti, que también ellos sean uno en nosotros; para que el mundo crea que tú me enviaste» –Jesús (Juan 17:20-21).

Antes de ir a la cruz, Jesús oró para que Su iglesia estuviera unida. La unidad de la iglesia sirve como testimonio al mundo de que Jesús es el Hijo de Dios. Esta unidad fue comprada con Su sangre (Ef. 2:13-16) y debe ser mantenida fervientemente por Su pueblo (Ef. 4:1-6).

No obstante, cuando miramos el panorama de la iglesia moderna, encontramos cientos o incluso miles de denominaciones. El diccionario Merriam-Webster define una denominación como: «Una organización religiosa cuyas congregaciones están unidas en su adhesión a sus creencias y prácticas». Si bien todas las iglesias cristianas verdaderas tienen en común las verdades más básicas sobre Dios y la salvación, a menudo tienen convicciones diferentes en cuanto a otros aspectos de la doctrina y la adoración.

Antes de que hablemos de algunas de las cuestiones doctrinales que pueden hacer que las iglesias adoren por separado, tomemos un momento para considerar cómo la iglesia pasó de ser una sola iglesia unificada a la diversidad de iglesias que vemos en la actualidad.

UNA BREVE LECCIÓN DE HISTORIA

La iglesia fue establecida cuando Dios envió al Espíritu Santo para que habitara en Su pueblo (Hech. 2:1-13). A medida que el evangelio se propagaba por todo el mundo conocido, muchas iglesias locales se establecieron (Hech. 2-28). Las cartas del Nuevo Testamento (Romanos hasta Apocalipsis) se escribieron para ayudar a estas iglesias a aplicar la enseñanza de Jesús y Sus apóstoles.

La iglesia primitiva soportó gran persecución por parte de los poderes políticos y los falsos maestros. Grupos disidentes de iglesias falsas como los gnósticos (dualismo místico), los arrianos (negaban que Jesús fuera Dios) y los marcionitas (decían que el Dios del Antiguo Testamento y el Dios del Nuevo Testamento

eran diferentes) siempre fueron una amenaza, pero Dios preservó a Su verdadera iglesia, tal como Jesús prometió (Mat. 16:18).

En estos primeros siglos, los concilios de los líderes de la iglesia desarrollaron declaraciones formales que clarificaban las creencias de la iglesia.

Los concilios no constituyeron nuevas doctrinas; más bien, buscaron resumir lo que la iglesia siempre había creído en formas que protegieran a la iglesia de las falsas enseñanzas. Estas declaraciones se conocen hoy como los credos y siguen siendo útiles para las iglesias cristianas.

La iglesia verdadera en general permaneció unificada hasta el siglo XI, cuando ocurrió el «Gran Cisma», que separó a la iglesia oriental (ortodoxa) y a la iglesia occidental (católica romana). Esta división tuvo muchos factores que terminaron en controversias respecto a la autoridad del papa y la relación de Dios el Espíritu Santo con Dios el Padre y Dios el Hijo.

En el siglo XVI, varios movimientos comenzaron a cuestionar la fe y práctica corruptas de la iglesia católica romana. Estos manifestantes y sus simpatizantes se hicieron conocidos como los protestantes, y emergieron en cuatro grandes grupos conocidos generalmente como los reformadores luteranos, suizos, ingleses y anabaptistas.

Si bien estas iglesias coincidían firmemente en las doctrinas fundacionales de la salvación, discrepaban en convicción sobre otros asuntos importantes. Esto produjo el desarrollo de otros grupos tales como

> los metodistas
> > los presbiterianos,
> > > los episcopales,
> > > > los congregacionalistas
> > > > > y los bautistas.

Desde entonces, ha habido separaciones, cismas, divisiones y desacuerdos teológicos, sin embargo, la gra

mayoría de las iglesias protestantes permanecen unidas en los principios fundamentales de la fe cristiana.

> **BRIAN**
>
> Después de oír cómo Dios había edificado a Su iglesia en el transcurso de los siglos, Brian sintió que necesitaba más claridad respecto a las razones por las que las iglesias podrían decidir dividirse. Dave dio cuatro sugerencias.

1. LA NECESIDAD

La razón más básica por la que no todos los cristianos se reúnen juntos es que no es posible. Geográficamente, los cristianos se encuentran dispersos en comunidades, regiones, estados, naciones y continentes. Aunque esto parece obvio, es útil señalar que la iglesia primitiva a menudo tenía varias reuniones de creyentes en la misma región.

Por ejemplo, la carta conocida como Gálatas se escribió «*a las iglesias de Galacia*» (Gál. 1:2). No sabemos cuántas iglesias había en la región, pero no se reunían todas juntas, aunque al parecer se conocían entre sí. De manera similar, cartas como 1 Pedro (1:1), Santiago (1:1) y Apocalipsis (1:4; 2:1-3:22) están claramente dirigidas a iglesias con ideas afines que no podían reunirse todas a la vez debido a su ubicación geográfica.

Otra razón por la que las iglesias no pueden reunirse juntas se debe a las barreras lingüísticas. Si bien es posible que una iglesia elija usar intérpretes para reducir la división del idioma, a menudo es prudente establecer congregaciones que permitan a los miembros adorar a Dios en su lengua materna.

A veces, las reuniones separadas se basan en la necesidad, no en una división pecaminosa.

2. CONVICCIONES DOCTRINALES

Como mencionamos en el resumen de la historia de la iglesia, la mayoría de las denominaciones se forman debido a convicciones diferentes sobre doctrinas específicas. Una doctrina es un resumen de lo que la Biblia enseña respecto a un tema en particular como el bautismo, los dones espirituales o cómo debe organizarse el liderazgo de la iglesia.

El apóstol Pablo describe la clase de división que puede ocurrir:

«Uno hace diferencia entre día y día; otro juzga iguales todos los días. Cada uno esté plenamente convencido en su propia mente» (Rom. 14:5).

Un ejemplo actual es el bautismo.

Algunos cristianos creen que el bautismo de niños marca a sus hijos con la señal de la comunidad del pacto de la misma manera en que se les dio la circuncisión a los niños bajo el pacto abrahámico (Gén. 17:7-8; Hech. 16:32-34). Otros cristianos creen que el bautismo está reservado solo para los creyentes como señal del nuevo pacto (Mat. 28:18-20; Rom. 6:1-4; Col. 2:11-12). Este desacuerdo es lo suficientemente importante como para hacer que personas adoren en iglesias diferentes, pero no lo suficientemente importante como para romper la comunión amorosa. Discutiremos esto un poco más en el próximo capítulo.

La Biblia enseña que si bien todos los creyentes estamos unidos en temas fundamentales (Ef. 4:1-6), es posible que tengamos convicciones profundamente arraigadas en temas secundarios como este (Rom. 14:1-23; 1 Cor. 8:1-13). Estos asuntos de convicción deben seguirse con fe *«y todo lo que no proviene de fe, es pecado»* (Rom. 14:23).

🔔 ILUSTRACIÓN

Aquí tienes siete de los temas doctrinales más comunes en los que las iglesias verdaderas no están de acuerdo. No todos estos temas deben resultar en división, pero cada congregación debe buscar en oración cómo agradar al Señor.

1. El bautismo

¿Deben bautizarse los niños como señal del pacto? ¿O es solo para los creyentes profesantes después de la conversión?

¿Se puede hacer el bautismo por afusión, aspersión o solo por inmersión?

2. La Cena del Señor

¿Solo los miembros de la iglesia pueden tomar la Cena del Señor o puede hacerlo cualquier cristiano? ¿Es la Cena del Señor solo una conmemoración para recordar a Jesús? ¿O es una comunión espiritual con Él?

¿Solo debemos usar pan sin levadura y vino o podemos usar panecillos y jugo de uvas?

3. El gobierno de la iglesia

¿Quién tiene la autoridad en la iglesia? ¿Los pastores? ¿La congregación? ¿Un grupo externo?

¿Pueden las mujeres servir como diaconisas? ¿Pueden servir como ancianas/pastoras?

4. Las doctrinas de la gracia

¿Cómo encajan la soberanía de Dios y la responsabilidad del ser humano en la salvación?

¿Puedes perder tu salvación? ¿O los creyentes están sellados para siempre por el Espíritu Santo?

5. El final de los tiempos

¿Cómo se desarrollarán los acontecimientos en el final de los tiempos?
¿Cuál es la relación entre Israel y la Iglesia?

6. Los dones espirituales

¿Hay algunos dones espirituales (sanidad, profecía, lenguas) que ya no se dan a la iglesia actualmente?
Si siguen activos, ¿cómo deberían funcionar en la iglesia dones como el de lenguas y el de profecía?

7. La filosofía del ministerio

¿Cómo debe llevar a cabo una iglesia su ministerio?
¿Debería una iglesia tener una escuela dominical?
¿Grupos pequeños? ¿Programas?

Como puedes ver, hay muchos temas importantes sobre los cuales los creyentes desarrollarán sus convicciones. Mientras lo hacen, se encuentran en grupos con otros cristianos de ideas afines. Algunos creyentes se sentirán más o menos cómodos estando en comunión donde hay desacuerdo, pero siempre debemos esforzarnos por vivir en armonía unos con otros (Rom. 12:16).

PREFERENCIAS PERSONALES

Cuando se trata de las razones por las que los cristianos escogen tener comunión por separado, esto puede ser lo más difícil de clasificar. Por un lado, se nos ordena servirnos unos a otros en amor (Gál. 5:13), considerar a los demás como superiores a nosotros (Fil. 2:3-4) y no buscar agradarnos a nosotros mismos a expensas de los demás (Rom. 15:1).

Por otro lado, no hay nada inherentemente malo con elegir adorar junto a otros creyentes que disfruten estilos de música, formas de liturgia y expresiones culturales similares. Hay ciertos ambientes y estilos que se sienten más naturales y cómodos para cada uno de nosotros.

> **Debemos recordar: la unidad en Cristo no requiere uniformidad en cultura, estilo y expresión.**

La diversidad es un hermoso regalo de parte de Dios que refleja su naturaleza trina. Y, aun así, lo que tenemos en común con otras iglesias es más importante que lo que es único en nosotros. La solemnidad del servicio de una iglesia presbiteriana tradicional en Boston conmoverá el alma de algunos creyentes; otros se regocijarán en la expresiva adoración de una iglesia bautista en Zambia.

 BRIAN

Brian detuvo a Dave: «De acuerdo, ¿pero no es peligroso escoger una iglesia basándome en lo que yo quiero? Eso parece que podría desarrollar una manera de pensar egoísta».

Dave estuvo de acuerdo y sugirió un par de ideas a considerar.

1. Ten cuidado de no buscar preferencias a expensas de la verdad.

Ora a Dios para que te ayude a encontrar una iglesia fiel donde te sientas en casa, pero ten cuidado de no comprometer la verdad en favor de las preferencias. La enseñanza fiel es siempre el elemento más importante de una iglesia. Lamentablemente, muchas iglesias ofrecen experiencias culturales o dinámicas fuertes, pero descuidan la enseñanza fiel de la Biblia. Este es un intercambio que no puede permitirse.

Ⓐ ILUSTRACIÓN

Cuando era un joven creyente, asistí a una pequeña iglesia. Este grupo tenía un estilo de música particular que nutría mi alma. Su libertad emotiva me parecía liberadora y edificante.

Sin embargo, a medida que crecía en mi entendimiento de la Biblia, me daba cuenta de que la iglesia carecía de una enseñanza fiel. Usaba la Biblia de una manera que parecía extraña. Esto me llevó a visitar otras congregaciones. A mi pesar, encontré buena enseñanza, pero la adoración musical era sofocante.

Me vi tentado a asistir a varias iglesias para obtener lo mejor de dos mundos, pero un sabio amigo me aconsejó que encontrara un lugar que enseñara fielmente la Palabra y sirviera allí.

En retrospectiva, estoy agradecido por ese consejo. Dios lo usó para protegerme de tener una pobre opinión de la Biblia.

2. *Ten cuidado de no buscar preferencias a expensas de los demás.*

La iglesia no existe simplemente para satisfacer nuestras necesidades y deseos. Los cristianos siguen a Jesús, quien no vino para ser servido, sino para servir (Mar. 10:45). Por tanto, al buscar una iglesia, debemos pedirle a Dios que nos muestre cómo podría usarnos para bendecir a otros. Dios a menudo nos llama a servirle en lugares incómodos, así que debemos estar dispuestos a seguirlo y bendecir a los demás dondequiera que Él nos llame.

El llamado a servir no significa que no deberíamos buscar ser edificados por la predicación y los miembros de nuestra iglesia. Significa, no obstante, que nuestra actitud siempre debe ser la de un siervo y no la de un consumidor.

«Nada hagáis por contienda o por vanagloria; antes bien con humildad, estimando cada uno a los demás como superiores a él mismo; no mirando cada uno por lo suyo propio, sino cada cual también por lo de los otros. Haya, pues, en vosotros este sentir que hubo también en Cristo Jesús» –El apóstol Pablo (Fil. 2:3-5).

Las preferencias son una parte importante al encontrar una iglesia local, pero debemos tener cuidado de no justificar una decisión egoísta a expensas de la verdad o del servicio a los demás.

DETENTE

¿Cuáles son algunas de tus preferencias significativas que podrían influenciar dónde vas a la iglesia?

¿De qué maneras podrías verte tentado a permitir que tus preferencias se vuelvan un factor demasiado grande en tu decisión?

---

3. Rupturas pecaminosas

Los creyentes verdaderos pueden quedar atrapados en actitudes pecaminosas que terminan en divisiones pecaminosas. Pueden permitir que sus preferencias se vuelvan demasiado prominentes, pueden guardar rencor e irse, pueden discutir las decisiones del liderazgo, la lista podría seguir y seguir.

Lamentablemente, hay muchos ejemplos de esto, incluso en la Biblia. El ejemplo más claro es la iglesia en Corinto. Ahora bien, Corinto era una iglesia conocida por sus filósofos y perversiones. La iglesia se había infectado con los valores del mundo, lo cual trajo división. En concreto, se habían enamorado de maestros específicos, y así formaron grupos.

«Os ruego, pues, hermanos, por el nombre de nuestro Señor Jesucristo, que habléis todos una misma cosa, y que no haya entre vosotros divisiones, sino que estéis perfectamente unidos en una misma mente y en un mismo parecer. Porque he sido informado acerca de vosotros, hermanos míos, por los de Cloé, que hay entre vosotros contiendas. Quiero decir, que cada uno de vosotros dice: Yo soy de Pablo; y yo de Apolos; y yo de Cefas; y yo de Cristo» (1 Cor. 1:10-12).

Los creyentes deben tener un afecto apropiado por sus pastores y otros líderes. Pero en la iglesia en Corinto, las cosas se salieron de control. Pablo dice que «contendían» entre sí sobre cuáles maestros eran los mejores. En lugar de apreciar los dones que Dios les había dado a sus maestros, los idolatraron y formaron grupos. Esto creó una cultura de comparación y adoración de la personalidad.

Esta clase de división es pecaminosa.

Cuando los creyentes permiten que el afecto hacia ciertos maestros, ramas, denominaciones o personalidades se salga de control, pueden tomar la decisión pecaminosa de menospreciar o separarse de otras iglesias.

DETENTE

Si los chismes y las quejas se volvieran prominentes entre ciertos miembros, ¿qué efecto podría tener eso en la iglesia?
¿Cómo podría impactar a una iglesia la falta de perdón?
¿Qué pasa con las disputas por el dinero?
¿Qué otros pecados podrían dañar a una iglesia y llevarla a dividirse?
¿Qué podrías hacer si escuchas a alguien hablando mal sobre otra iglesia? ¿Cómo podrías exhortar a ese hermano a pensar de manera diferente?

BRIAN

Brian se recostó y miró hacia el techo: «Desearía que las iglesias simplemente pudieran adorar juntas. Esto es lo que Dios quiere, ¿no es así?».

Dave tomó su Biblia y comenzó a buscar hacia el final. Mientras lo hacía, dijo: «Lo que estás sintiendo es bueno. Dios *sí* quiere que Su pueblo adore unido, y cuando Jesús regrese, lo haremos».

En Apocalipsis 7:9-10, Dios le dio al apóstol Juan una visión de la iglesia en el futuro. Escucha su descripción: «*Después de esto miré, y he aquí una gran multitud, la cual nadie podía contar, de todas naciones y tribus y pueblos y lenguas, que estaban delante del trono y en la presencia del Cordero, vestidos de ropas blancas, y con palmas en las manos; y clamaban a gran voz, diciendo: La salvación pertenece a nuestro Dios que está sentado en el trono, y al Cordero*».

Esto es una fotografía de la unidad que la iglesia de Dios conocerá en la eternidad. Llegará el día en que no habrá más divisiones o denominaciones. Todos los creyentes verán claramente y la fe ya no será necesaria, porque estaremos con Jesús.

Ese será un día maravilloso, pero todavía no ha sucedido.

Por tanto, hoy debemos ser «*solícitos en guardar la unidad del Espíritu en el vínculo de la paz*» (Ef. 4:3). Después de todo, la unidad no sucederá por casualidad. Nuestras tendencias pecaminosas y los ataques de Satanás siempre trabajan en su contra. Pero sabemos que Jesús desea que Su iglesia esté unida como un testimonio de Su grandeza, por eso debemos suplicar Su ayuda.

DETENTE

¿Cuáles son algunas de las formas en las cuales podrías trabajar y orar por la unidad con otras iglesias?

Aquí tienes algunas formas que podrías considerar.

1. Pídele a Dios que te dé una postura humilde hacia otras iglesias.

Todos vemos en un espejo oscuramente (1 Cor. 13:12). No hay ninguna denominación o grupo de cristianos que tenga toda la razón en cada interpretación y aplicación de la Biblia. Debemos suponer en nuestros desacuerdos que todos tenemos diferentes grados de ceguera.

Esta dificultad de la ceguera espiritual *no* nos da una excusa para ser perezosos en la comprensión de la Palabra de Dios. En cambio, debería producir una postura de humildad hacia los demás. El hecho de que alguien no esté en el grupo de tu iglesia no significa que no esté en el del Señor (Luc. 9:49-50).

2. Pídele a Dios que te ayude a hablar y actuar compasivamente hacia otras iglesias.

Ten cuidado de no difamar a la novia de Jesús con críticas y quejas. Ciertamente es una novia imperfecta, pero al hablar de tu iglesia o de otras congregaciones, ten cuidado de no empañar su reputación. Recuerda que Jesús ama a Su iglesia y nosotros debemos esforzarnos por amarla también.

Al ser compasivo, abrirás puertas al diálogo que honrará a Dios. También protege los corazones de las personas en tu iglesia y de los incrédulos de pensar mal de otros cristianos.

3. Ora por otras iglesias.

Siempre debemos orar por nuestra iglesia, pero
podemos cultivar un espíritu de unidad orando también por otras iglesias. Ya sea que hagas esto en tus
devocionales personales, en un grupo pequeño o desde
el púlpito, orar por otras congregaciones honra a Dios
grandemente.

Aquí tienes algunos ejemplos para ayudarte a empezar:

> **Dios, bendícelos para que conozcan tu amor y
> te amen aún más.**
> **Dios, ayúdalos a odiar el pecado y amar la
> santidad.**
> **Dios, guarda su unidad para que puedan hon-
> rar mejor tu nombre.**
> **Dios, trae avivamiento en medio de ellos. Úsa-
> los, hazlos crecer, ayúdalos a ver conversiones.**
> **Dios, bendice la predicación de tu Palabra allí
> y bendice a su pastor con poder.**
> **Dios, guárdalos del maligno y ayúdalos a cono-
> cer tu protección.**

Básicamente, todo lo que quisieras que alguien ore
por tu iglesia, ora por otras iglesias locales. Con el
tiempo, esto cambia los corazones de los creyentes y
demuestra la unidad por la que Jesús oró.

4. Busca formas de cooperar juntos en la obra del reino.

Si bien todas las iglesias deben ser fieles a lo que Dios las ha llamado a hacer, trabajar unidas es a menudo sabio. Las iglesias podrían cooperar para enviar misioneros o desarrollar un refugio para indigentes centrado en el evangelio. Oportunidades para cooperar abundan. Aunque esto puede ser complicado debido a que las iglesias pueden tener convicciones diferentes, nos anima a aprender los unos de los otros y demostrar nuestra unidad centrada en Cristo.

ILUSTRACIÓN

Yo pastoreo a una iglesia bautista en las afueras de Washington, D. C. Actualmente compartimos nuestro edificio con una iglesia presbiteriana. Aunque nuestras congregaciones difieren en el bautismo, el gobierno de la iglesia y otras cosas, estamos mucho más de acuerdo que en desacuerdo. Nuestras iglesias comparten un cálido afecto entre sí y se han unido esta temporada de una manera que honra a Dios, anima a nuestras iglesias y demuestra al mundo evidencia de que Jesús es el Hijo de Dios. A menudo recibimos comentarios de vecinos incrédulos que ven nuestra unidad como única y convincente.

BRIAN

Después de aprender más sobre los propósitos de Dios en nuestras diferencias, Brian se fue animado por la diversidad que veía en las iglesias a su alrededor. Entendió que siempre habrá conflictos y malentendidos, pero el potencial de reflejar el evangelio le dio motivos para luchar por la unidad con otros creyentes.

VERSÍCULO PARA MEMORIZAR

«*Os ruego, pues, hermanos, por el nombre de nuestro Señor Jesucristo, que habléis todos una misma cosa, y que no haya entre vosotros divisiones, sino que estéis perfectamente unidos en una misma mente y en un mismo parecer. Porque he sido informado acerca de vosotros, hermanos míos, por los de Cloé, que hay entre vosotros contiendas. Quiero decir, que cada uno de vosotros dice: Yo soy de Pablo; y yo de Apolos; y yo de Cefas; y yo de Cristo»* (1 Cor. 1:10-12).

RESUMEN

Las diferencias brindan a la iglesia la oportunidad de mostrar al mundo cómo es la verdadera unidad. En una época en la que el desacuerdo se percibe como odio, los creyentes tenemos la oportunidad de mostrar un amor humilde, compasivo y que coopera con el reino. Esta clase de unidad requiere de energía, esfuerzo, oración, instrucción, confesión y arrepentimiento, pero vale la pena.

¿CUÁL ES EL PUNTO?

El bautismo y la comunión demuestran nuestra unión con Jesús.

CAPÍTULO 5

El bautismo y la Cena del Señor

BRIAN

Dave y Ashley a menudo invitaban a personas a comer después de la iglesia. Durante estas comidas, a Brian le sorprendía cuánto Dios había cambiado su vida. No solo sentía una cercanía a Dios, sino que también había comenzado a interesarse por las personas de la congregación.

Luego de dos meses de asistir a los servicios dominicales, Dave le preguntó a Brian qué pensaba sobre bautizarse y volverse miembro de la iglesia. Brian le pidió a Dave que le explicara un poco más. Dave tomó su Biblia y dijo: «Comencemos con el bautismo y la Cena del Señor, y después hablaremos sobre lo que significa ser miembro de una iglesia».

Parecía un buen plan.

En este capítulo, abordaremos el bautismo y la Cena del Señor. Luego en el próximo capítulo, discutiremos la membresía de la iglesia.

DETENTE

¿Qué crees que son el bautismo y la Cena del Señor? ¿Qué motivaría a los creyentes a bautizarse y tomar la Santa Cena juntos?

Jesús dio el bautismo y la Cena del Señor a Su iglesia como ordenanzas, a veces, como mencionamos antes, llamadas «sacramentos», para ser administradas como parte de Su adoración. Una «ordenanza» es algo que se ordena o impone por alguien en autoridad, en este caso, Dios. Un «sacramento» es algo sagrado, o **apartado por Dios con especial significado**. Se pueden usar ambas palabras, pero yo prefiero «ordenanza» porque evita la confusión de que estos elementos pudieran tener alguna clase de poder salvífico.

En pocas palabras:

El evangelio proclama que somos salvos solo mediante la fe solo en Jesús.

En Su bondad, Dios ha prescrito estas dos prácticas para ilustrar esta buena noticia.

Ⓐ ILUSTRACIÓN

El día de nuestra boda, mi esposa y yo estuvimos frente a una reunión de amigos y familiares, y profesamos votos el uno al otro. Estos votos no *crearon* nuestro matrimonio, pero sirvieron como una forma de renunciar públicamente a otros amantes y prometer sernos fieles mientras Dios nos dé vida. Incluso hoy, nuestros votos sirven como un recordatorio constante de la devoción que nos prometimos y de nuestra rendición de cuentas ante todos los que nos escucharon hacer esas promesas.

El bautismo y la Cena del Señor sirven a la iglesia de manera similar. Por medio del bautismo, el creyente profesa públicamente su devoción a Jesús y Su pueblo. A través de la Cena del Señor, renovamos nuestros votos de devoción al recordar la muerte, la resurrección y el inminente regreso de Jesús.

Antes de hablar sobre el bautismo y la Cena del Señor más detalladamente, deberíamos responder algunas preguntas sobre las ordenanzas.

¿Quién creó la idea de las ordenanzas?

Jesús instituyó el bautismo y la Cena del Señor. No son simplemente rituales religiosos que los cristianos soñaron, en cambio, son símbolos diseñados divinamente que sirven tanto a la iglesia como al mundo que nos observa.

¿A quiénes dio Jesús las ordenanzas?

Jesús dio las ordenanzas a Su iglesia. En Mateo 16:18-19 y 18:18-20, Jesús dio Sus «llaves» de autoridad a la iglesia para que hable y actúe en Su nombre. Esto no significa que la iglesia salva a las personas, sino que tiene la autoridad para representar a Jesús.

¿Qué significa esto en la práctica?

Significa que las iglesias locales pueden decir con confianza que una persona será perdonada de su pecado si se arrepiente y cree en Jesús. Así, cuando alguien llega a Cristo, una iglesia lo bautiza porque solo a la iglesia se le ha dado la autoridad para administrar la ordenanza del bautismo como señal para los nuevos creyentes. Del mismo modo, solamente a la iglesia se le ha dado la autoridad para administrar la Cena del Señor a los creyentes. Cuando las iglesias administran el bautismo y la Cena del Señor, ayudan a trazar límites amorosos que clarifican quién está en buena relación con Jesús y quién no.

Ⓐ **ILUSTRACIÓN**

Soy un gran aficionado del fútbol americano. Apoyo a los Vikingos de Minnesota que siempre han tenido un bajo rendimiento, y mi cuñado apoya a los Jets de Nueva York (que son incluso peor). Hace algunos años, nuestros equipos se enfrentaron en Nueva York. Mientras entraba al estadio usando una camiseta de los Vikingos, recibí miradas y algunos de los insultos más creativos que he oído. Vi a otro grupo de fanáticos de los Vikingos ser acosado mientras la policía intentaba intervenir.

Nuestras camisetas nos separaban. Nuestras lealtades estaban claras a la vista de todos. De manera similar, esto es lo que hacen el bautismo y la Cena del Señor.

Claramente nos distinguen como pertenecientes a Jesús. Dicen públicamente: «*No me avergüenza hacerte saber que estoy con Jesús*» (ver Mat. 10:32-33).

¿Por qué Jesús dio el bautismo y la Cena del Señor?

Dios hace promesas sobre cómo se relacionará con Su pueblo. Cuando Dios hace estas promesas, da una señal física como recordatorio para acompañarlas.

Dios le dio a Noé la señal de un arcoíris,
a Abraham la señal de la circuncisión,
a Moisés la señal del día de reposo y
a David la señal de un trono.

Cuando Jesús vino, cumplió todos los pactos previos de Dios e instituyó el nuevo pacto (Heb. 10:1-18). ¿Qué promete Dios en el nuevo pacto? Escucha esto:

⚿ «*He aquí que vienen días, dice Jehová, en los cuales haré nuevo pacto con la casa de Israel y con la casa de Judá. [...] Daré mi ley en su mente, y la escribiré en su corazón; y yo seré a ellos por Dios, y ellos me serán por pueblo. [...]*»

perdonaré la maldad de ellos, y no me acordaré más de su pecado» (Jer. 31:31-34).

Bajo el nuevo pacto

nuestros corazones están circuncidados por el Espíritu de Dios (Rom. 2:29; Col. 2:10-12),

Su ley está escrita en nuestros corazones (Heb. 10:16),

nuestros pecados son lavados

y nuestros corazones muertos espiritualmente son reemplazados con corazones que aman a Dios (Ezeq. 36:25-26).

Cuando alguien se vuelve a Jesús y nace de nuevo, es introducido en el nuevo pacto. El bautismo y la Cena del Señor sirven como señales de este pacto. Cumplir estas señales no nos introduce en el pacto, pero sirven como imágenes de nuestra muerte al pecado y resurrección con Cristo, así como también de nuestra continua comunión con Él.

BRIAN

Brian ya estaba animado por su discusión. Le asombraba que Dios perdonara sus pecados y prometiera no recordarlos más. Pero toda la charla del tema de los pactos era un poco abstracta para Brian, así que le pidió a Dave que le contara más sobre el bautismo.

EL BAUTISMO

« Y Jesús se acercó y les habló diciendo: Toda potestad me es dada en el cielo y en la tierra. Por tanto, id, y haced discípulos a todas las naciones, bautizándolos en el nombre del Padre, y del Hijo, y del Espíritu Santo; enseñándoles que guarden todas las cosas que os he mandado; y he aquí yo estoy con vosotros todos los días, hasta el fin del mundo. Amén» (Mat. 28:18-20).

Antes de subir al cielo, Jesús ordenó a Sus discípulos que hicieran discípulos de todas las naciones hasta que Él regresara (ver el capítulo 9). Cuando alguien se convierte en discípulo al arrepentirse de sus pecados y creer en Jesús, debe bautizarse. Por tanto, el bautismo es un mandato para los cristianos, pero también para las iglesias locales.

Jesús ordena a la iglesia a llamar a los nuevos creyentes a dar a conocer su profesión de Jesús al mundo. Cuando alguien de la iglesia bautiza a un nuevo creyente, representa a toda la iglesia al decir: «Afirmamos la obra de salvación de Dios en tu vida y te ayudaremos a seguirlo, y esperamos que también nos ayudes a seguirlo».

> **Como lo explicó un amigo, el bautismo consiste en «hacer pública» tu fe.**

Es la manera en la que el cristiano dice a la iglesia: «Me he unido a Jesús. Así como Jesús murió por mi pecado, yo he muerto a mi pecado y ahora viviré para Él».

De esta forma, el bautismo sirve como una imagen física de la realidad espiritual de lo que sucede cuando nos unimos a Jesús a través de la fe.

🔔 **ILUSTRACIÓN**

¿Sabes cómo un pepinillo se convierte en pepinillo? Si tomas un pepino y lo sumerges en salmuera (vinagre, agua y sal), ocurre algo milagroso. Mientras se sumerge, adquiere las propiedades de la salmuera y se convierte en pepinillo. El pepino se ha unido a la salmuera de un modo irreversible que realmente lo transforma en algo nuevo.

Este proceso de decapado es una buena imagen de lo que sucede en el bautismo espiritual. Gálatas 3:27 explica que por medio de la fe estamos unidos a Jesús, «*porque todos los que habéis sido bautizados en Cristo, de Cristo estáis revestidos*». Nuestra unión con Él nos transforma de pecadores espiritualmente muertos que se oponen a Dios, a hijos vivos de Dios que ahora huyen del pecado que una vez amamos. Romanos 6 explica esta realidad maravillosamente.

«*Porque somos sepultados juntamente con él para muerte por el bautismo, a fin de que como Cristo resucitó de los muertos por la gloria del Padre, así también nosotros andemos en vida nueva. Porque si fuimos plantados juntamente con él en la semejanza de su muerte, así también lo seremos en la de su resurrección*» (Rom. 6:4-5).

Este pasaje nos proporciona la historia detrás de la historia. Cuando alguien está unido a Jesús mediante la fe, todo lo que puede decirse de Jesús aplica a esa persona. Su muerte se vuelve su muerte al pecado. Su resurrección se vuelve su vida eterna.

Estar unido a Jesús la cambia para siempre.

En otras palabras, el bautismo en agua es una imagen del bautismo espiritual que no solo nos une a Jesús, sino también a Su cuerpo, la iglesia. 1 Corintios 12:13 dice: «*Porque por un solo Espíritu fuimos todos bautizados en un cuerpo, sean judíos o griegos, sean esclavos o libres; y a todos se nos dio a beber de un mismo Espíritu*». El Espíritu Santo nos da corazones para creer en Jesús, lo que nos une a Él y a Su cuerpo, la iglesia.

BRIAN

Entonces Dave dijo a Brian: «Si te bautizaras, le estarías diciendo a la iglesia y al mundo que ahora sigues a Jesús, te estarías comprometiendo a ayudarnos a seguir a Jesús y nosotros nos estaríamos comprometiendo a ayudarte».

Brian creía que lo que Dave había explicado era cierto, y dijo que deseaba contarles a todos cómo Jesús había cambiado su vida. Después de conversar un poco más, Brian tenía algunas preguntas pendientes.

¿Dónde debería bautizarme?

La ubicación de tu bautismo no es tan importante como quién está presente para verlo. El bautismo debería realizarse en un tiempo y lugar en el que toda la congregación pueda reunirse. Por tanto, bautizarse en una iglesia, una piscina en el patio trasero, un río o un océano está bien; lo más importante es que la iglesia esté invitada a participar.

¿Quién debería bautizarme?

La Biblia no lo especifica. Algunas iglesias permiten que cualquiera realice el bautismo citando el sacerdocio de todos los creyentes (1 Ped. 2:4-9), mientras que otras prefieren que los ancianos o pastores actúen en representación de toda la iglesia. Siempre y cuando el bautismo se haga de acuerdo con el verdadero evangelio de Jesús, cumplirá su propósito de ilustrar tu unión con Él.

¿Existe una forma correcta de bautizarse?

La palabra bautismo significa literalmente «hundirse o sumergirse». La imagen en Romanos 6 es una de morir y resucitar, y cada vez que el bautismo aparece en el Nuevo Testamento describe a personas entrando y saliendo del agua (Mar. 1:10; Hech. 8:38).

Estos factores nos llevan a creer que la inmersión es la manera correcta de bautizarse.

Algunas iglesias vierten agua como ilustración del derramamiento del Espíritu Santo (Hech. 2:17,33; 10:45-48), mientras que otras la rocían para simbolizar el rociado de la sangre de Cristo que lava nuestro pecado (Heb. 9:19-22, 10:22, 12:24; 1 Ped. 1:2). Aunque nuestra congregación no usa estos otros métodos, **son aceptables para los creyentes verdaderos.**

¿El bautismo te salva de tus pecados?

El bautismo en agua no salva a nadie; la unión con Jesús lo hace. En 1 Pedro 3:21, el apóstol Pedro dice: «*El bautismo [...] ahora nos salva (no quitando las inmundicias de la carne, sino como la aspiración de una buena conciencia hacia Dios) por la resurrección de Jesucristo*». Pedro explica que el lavado externo en agua no tiene efecto alguno en nuestra posición ante Dios. En cambio, lo que te salva es la apelación a Dios de que crees en el Jesús resucitado que perdona tus pecados.

¿Se debe bautizar a los niños?

Algunas tradiciones cristianas rocían, vierten o incluso sumergen a los niños para mostrar que su hijo será criado de acuerdo con el evangelio. Si bien esto tiene una buena intención, Jesús ordenó a la iglesia bautizar «discípulos», no posibles discípulos (Mat. 28:19).

El bautismo es para aquellos que han sido circuncidados en el corazón (Col. 2:10-12) y se han arrepentido y creído en Jesús (Hech. 2:38).

Debido a que los niños no pueden creer de manera consciente en Cristo, las iglesias bautistas creen que no se les debe dar la señal del nuevo pacto. Si fuiste bautizado de niño, te animamos a bautizarte como creyente. Esto no sería un «rebautismo», sino un bautismo verdadero.

Las iglesias presbiterianas, por otro lado, practican el bautismo de niños ya que creen que la promesa del nuevo pacto se extiende a los hijos de padres cristianos, y que la señal se les aplica legítimamente. Una vez que un niño es bautizado, no hay necesidad de un segundo bautismo si llega a tener fe en Cristo.

¿Puedo pedirle a la gente que venga a ver mi bautismo?

¡Sí! Los bautismos son una oportunidad perfecta para invitar a amigos, familiares y compañeros de trabajo inconversos a que escuchen cómo Jesús ha cambiado tu vida y puede cambiar la suya también.

DETENTE

¿Aprendiste algo nuevo sobre el bautismo en este estudio? De ser así, ¿qué fue lo que más te llamó la atención? ¿Por qué crees que bautizarse en una iglesia local es importante para el creyente?

BRIAN

Después de su conversación con Dave, Brian estaba listo para bautizarse. Pero tenía preguntas en relación con la Cena del Señor. Dave lo había animado a esperar un poco antes de hacerlo. Pero Brian deseaba unirse a la iglesia para compartir la Cena, así que pidió más información.

LA CENA DEL SEÑOR

«Así, pues, todas las veces que comiereis este pan, y bebiereis esta copa, la muerte del Señor anunciáis hasta que él venga» (1 Cor. 11:26).

En la noche que Jesús fue traicionado, compartió la Pascua con Sus discípulos (Luc. 22:14-23). Esta comida le recordaba a Israel que Dios los había rescatado de la esclavitud en Egipto ofreciendo un cordero sin defecto y untando su sangre en los postes de las puertas de sus hogares. Dios prometió que todo el que se refugiara por la fe bajo la sangre del Cordero se salvaría del juicio que estaba a punto de ocurrir.

Dios cumplió Su palabra. La muerte cayó sobre los que no obedecieron, y la misericordia sobre los que lo hicieron. Después de la Pascua, Dios guio milagrosamente a Israel por el Mar Rojo hacia la tierra prometida.

Los discípulos de Jesús no comprendían que Su muerte y resurrección inminentes servirían como una Pascua mayor que lograría su propio éxodo del pecado (1 Cor. 5:7). Estando sentados, Jesús tomó el pan, dio gracias por él, lo partió, y les dio a los discípulos diciendo: *«Esto es mi cuerpo, que por vosotros es dado; haced esto en memoria de mí»* (Luc. 22:19). Después, tomó la copa de vino y dijo: *«Esta copa es el nuevo pacto en mi sangre, que por vosotros se derrama»* (Luc. 22:20).

Al servir estos elementos, Jesús instituyó una ordenanza que Su iglesia cumpliría hasta que regrese y celebremos con Él por siempre (Isa. 25; Luc. 22:18). Actualmente, cuando la iglesia se reúne y comparte esta ordenanza, *«la muerte del Señor [anuncia] hasta que él venga»* (1 Cor. 11:26).

Ⓐ ILUSTRACIÓN

Estoy usando un anillo de bodas que recibí de mi esposa el día de nuestra boda. Después de intercambiar votos, intercambiamos anillos como símbolos de nuestro amor. El anillo no es mi matrimonio, tampoco creó mi matrimonio, pero lo simboliza. Les dice a todos: «Este hombre está comprometido con su esposa en un pacto de matrimonio».

Asimismo, la Cena del Señor no crea nuestra relación con Jesús, pero representa la comunión que los cristianos comparten con Él. El pan y el vino representan el cuerpo de Jesús siendo quebrantado y Su sangre siendo derramada por el perdón de nuestros pecados (Mat. 26:26-29).

El simple hecho de tomar los elementos no le imparte nada al creyente más que unas pocas calorías, pero cuando se reciben por la fe y de acuerdo con la Palabra, sirven como ilustraciones visibles de la verdad del evangelio, lo cual nos ayuda a tener una comunión única con Jesús.

De hecho, la palabra «comunión» se usa a menudo para describir la Cena del Señor. Esto es apropiado porque en la comida renovamos nuestro juramento de seguir a Jesús y tenemos la intención de tener comunión con el Señor por medio de la fe y con otros creyentes (1 Cor. 10:16-17; 11:17-22).

BRIAN

Mientras Dave explicaba la Cena del Señor, a Brian le sorprendía el significado del símbolo que Jesús dejó para Su Iglesia. Luego Brian preguntó: «¿Puedes ayudarme a saber si está bien que tome la Cena o no?». Dave podía notar que a Brian le agobiaba no poder tomar la comunión, así que intentó explicarle más detalladamente.

> **La Cena del Señor debe servirse con una *bienvenida* y una *advertencia*.**
> **La Cena del Señor *da la bienvenida* a los pecadores a Su mesa.**

Jesús fue amigo de los pecadores durante Su ministerio y todavía lo es hoy (Mat. 11:19). La iglesia no sirve la Cena del Señor a personas perfectas que lo tienen todo bajo control; los pecadores siempre llenan Su lista de invitados. A la luz de esto, debemos «*[recibirnos] los* unos a los otros, como también Cristo nos recibió, para gloria de Dios» (Rom. 15:7).

Y aun así, la iglesia también está encargada de proteger la mesa del Señor.

Esto se hace para honrar a Dios y cuidar a las personas. Como veremos, los símbolos de la Cena indican algo tan significativo, que Dios traerá juicio sobre aquellos que la toman indignamente. Escucha la advertencia que Pablo le da a la iglesia en Corinto:

«*Pues en primer lugar, cuando os reunís como iglesia, oigo que hay entre vosotros divisiones [...] esto no es comer la cena del Señor. Porque al comer, cada uno se adelanta a tomar su propia cena; y uno tiene hambre, y otro se embriaga. Pues qué, ¿no tenéis casas en que comáis y bebáis? ¿O menospreciáis la iglesia de Dios, y avergonzáis a los que no tienen nada? ¿Qué os diré? ¿Os alabaré? En esto no os alabo [...]. De manera que cualquiera que comiere este pan o bebiere esta copa del Señor indignamente, será culpado del cuerpo y de la sangre del Señor. Por tanto, pruébese cada uno a sí mismo, y coma así del pan, y beba de la copa. Porque el que come y bebe indignamente, sin discernir el cuerpo del Señor, juicio come y bebe para sí. Por lo cual hay muchos enfermos y debilitados entre vosotros, y muchos duermen*» (1 Cor. 11:18-30).

Algunos en la iglesia en Corinto venían a la mesa del Señor de una forma que los llevó a una disciplina severa.

Las personas se aferraban a su pecado y participaban de los alimentos. Esto era una forma de tomar el nombre del Señor en vano, lo cual trajo juicio. Cuando buscamos en la Escritura, encontramos cuatro razones por las que alguien debería abstenerse de tomar la Santa Cena a fin de no tomar en vano el nombre del Señor.

1. *Los inconversos.* No creer en Jesús y luego participar de la Santa Cena es una burla al cuerpo y la sangre de Jesús, que están representados en los elementos.

2. *Los impenitentes.* Aquellos que profesan fe en Cristo, pero viven en pecado no abordado e impenitente. Esto también es una burla a Jesús, que lo dio todo por nosotros.

3. *Los no comprometidos.* Jesús derramó públicamente Su sangre para unirnos a Él, y nosotros debemos ser bautizados públicamente y unirnos a otros creyentes para tomar Su Santa Cena. Esta razón será un punto de desacuerdo entre los creyentes, aunque parece consistente con la Escritura y la historia de la iglesia que uno debe ser un miembro de la iglesia bautizado antes de participar en la Santa Cena.

4. *Los no autorizados.* En la mayoría de los casos, cualquier creyente profesante bajo alguna forma de disciplina eclesiástica, primero debe reconciliarse con esa iglesia.

Esto puede parecer duro, pero Jesús usa las ordenanzas para trazar líneas claras que hacen eco de Sus palabras: «*El que no es conmigo, contra mí es*» (Mat. 12:30).

Ⓐ ILUSTRACIÓN

Un domingo, una joven llamada Adriana visitó nuestra congregación. Una amiga le había hablado sobre Dios y la había animado a visitarla. Al final del servicio, la iglesia celebraba la Cena del Señor. Antes de compartir los elementos, el pastor explicó quiénes debían compartir los alimentos y quiénes no.

Más tarde compartió que esa noche, cuando los elementos pasaron frente a ella, entendió el evangelio que había escuchado de su amiga y durante el servicio. Vio visiblemente que su comunión con Dios estaba rota y que estaba fuera de Su pueblo. Fue entonces que supo que quería que Jesús la introdujera en Su Iglesia.

BRIAN

Brian no tenía duda de que deseaba bautizarse. Quería compartir la Cena del Señor con el resto de su congregación. Sabía que no era perfecto, pero también sabía que Jesús había sido perfecto en su lugar. Pero al igual que con el tema del bautismo, Brian tenía algunas preguntas pendientes para Dave.

¿Cuán a menudo debe una iglesia tomar la Cena del Señor?

A las iglesias se les permite tomar esta decisión en función de sus convicciones. Jesús no nos dijo qué tan frecuente es «todas las veces» cuando dio Sus instrucciones (1 Cor. 11:26). Aunque hay libertad, las iglesias que la toman menos de una vez al mes deberían considerar por qué han escogido hacerlo con tan poca frecuencia, cuando parece haber sido parte regular de la vida de la iglesia primitiva (Hech. 2:42-47).

¿Por qué usamos pan y vino?

Estos fueron los elementos que el Señor usó durante Su cena con los discípulos. Hay libertad respecto a qué tipo de pan y bebida de uva puede usar una iglesia.

¿Deben los cristianos tomar la Cena del Señor fuera de la iglesia local?

Algunos creyentes eligen tomar la Santa Cena en casa con su familia, mientras acampan, en grupos pequeños o en su boda (mi esposa y yo lo hicimos). Sin embargo, la Cena del Señor no se da a cristianos individuales que pueden tomarla donde deseen tener un momento especial con Jesús. La Santa Cena es una comida familiar que se da a toda la iglesia para que la compartan juntos mientras se rinden cuentas mutuamente (1 Cor. 10:16-17).

VERSÍCULO PARA MEMORIZAR

«En él también fuisteis circuncidados con circuncisión no hecha a mano, al echar de vosotros el cuerpo pecaminoso carnal, en la circuncisión de Cristo; sepultados con él en el bautismo, en el cual fuisteis también resucitados con él, mediante la fe en el poder de Dios que le levantó de los muertos» (Col. 2:11-12).

o

«Así, pues, todas las veces que comiereis este pan, y bebiereis esta copa, la muerte del Señor anunciáis hasta que él venga» (1 Cor. 11:26).

RESUMEN

Como hemos visto, el bautismo no es simplemente un contenedor religioso de agua y la Cena del Señor tampoco es una simple merienda antes del almuerzo. Jesús nos dio estas señales sagradas para distinguir visiblemente a Su pueblo como la iglesia local. Sirven como señales de celebración que apuntan a Jesús, quien murió, resucitó y ahora tiene comunión con Su pueblo mediante Su Espíritu.

¿CUÁL ES EL PUNTO?

La membresía de la iglesia es amor y compromiso.

CAPÍTULO 6

La membresía
de la iglesia

BRIAN

La iglesia confundía a Brian, pero no de mala manera. Cada vez que se reunía con ellos los domingos por la mañana, quedaba desconcertado por su amor mutuo. A simple vista, no tenían mucho en común, pero su amor por Jesús y entre sí era evidente.

Mientras él y Dave conversaban, Brian describía cómo Dios había aumentado su amor por estas personas que jamás habría conocido sin Cristo. Recordaba algunas de sus primeras conversaciones sobre la iglesia como una familia, y finalmente sentía que estaba empezando a entender lo que eso significaba.

Dave creyó que era un buen momento para establecer la conexión entre el deseo de Brian de ser bautizado y tomar la Cena del Señor con lo que significa ser miembro de la iglesia. La membresía de la iglesia no era algo en lo que había pensado demasiado, pero estaba listo para aprender.

El compromiso es una especie en peligro de extinción en la actualidad. Nos gusta mantener nuestras opciones abiertas y preservar nuestra libertad para elegir. Pero Dios llama a Su pueblo a pensar diferente sobre su relación los unos con los otros. Aunque la frase «membresía de la iglesia» no aparece en la Biblia, el concepto es casi imposible de pasar por alto.

«Porque de la manera que en un cuerpo tenemos muchos miembros, pero no todos los miembros tienen la misma función, así nosotros, siendo muchos, somos un cuerpo en Cristo, y todos miembros los unos de los otros» (Rom. 12:4-5).

Cuando alguien es bautizado espiritualmente en Cristo, se une a la Iglesia universal. Pero cuando se bautiza físicamente en agua, se une a una iglesia local que le ayuda a vivir su devoción a Jesús.

En caso de que los términos no sean familiares, la *Iglesia universal* hace referencia a todas las personas en cualquier lugar del mundo que han nacido de nuevo y están espiritualmente unidas a Jesús. Son los redimidos de cada tribu, lengua y nación cuyos nombres están escritos en el libro de la vida del Cordero. Si eres cristiano, formas parte de la Iglesia universal.

La *iglesia local* es una asamblea de cristianos específicos en un área geográfica que se comprometen a reunirse regularmente como adoradores y testigos de Jesús. Ya sea la iglesia en Antioquía (Hech. 13:1), Roma (Rom. 1:7), Corinto (1 Cor. 1:2), las iglesias en la región de Galacia (Gál. 1:2) o una de las iglesias que se mencionan en

Apocalipsis 2–3, la Biblia consistentemente se refiere a la iglesia como una asamblea local de creyentes. De hecho, de las aproximadamente 109 veces que la palabra *iglesia* se usa en el Nuevo Testamento, casi todas ellas hacen referencia a una iglesia local en particular.

> **El Nuevo Testamento no reconoce a cristianos como «agentes libres» que deambulan sin comprometerse a una iglesia local.**

El bautismo y la Cena del Señor tienen el propósito de darle forma a la membresía de la iglesia; están destinados exclusivamente a los creyentes, para aquellos cuyas vidas ofrecen evidencia de la fe salvadora. Por esta razón, la membresía eclesiástica solo debe extenderse a aquellos que han nacido de nuevo. No le hace ningún bien a nadie borrar esas líneas entre quienes están en una correcta posición ante Dios y quienes no. Si bien siempre debemos dar la bienvenida a todas las personas, los nombres en la lista de miembros de una iglesia, hasta donde es humanamente posible, reflejan los nombres en el libro de la vida del Codero (Apoc. 13:8).

 BRIAN

«Espera —interrumpió Brian—. ¿Me estás diciendo que si no me uno a una iglesia, no soy cristiano?».

Dave se reclinó hacia atrás.

«Brian, eso no es lo que estoy diciendo. Lo que estoy diciendo es que ya sea que lo llames membresía, asociación o amor comprometido, te costará mucho obedecer a Jesús separado de la iglesia —Dave explicó—, la membresía de la iglesia ayuda a clarificar cómo obedecemos muchos de los mandamientos de Dios. Él nos ha diseñado para seguir a Cristo en una comunidad comprometida. ¿Qué tal si vemos algunos ejemplos de esto en la Biblia?».

DETENTE

¿Qué piensas de la declaración: «te costará mucho obedecer a Jesús separado de la iglesia»? ¿Cómo crees que te ayuda una iglesia a obedecer a Jesús? ¿Cómo podrías ayudar a otros en tu iglesia a obedecer a Jesús?

¿CÓMO USA DIOS LA MEMBRESÍA DE LA IGLESIA PARA AYUDARTE A OBEDECERLE?

Cuando la mayoría de la gente piensa en una membresía, piensa en unirse a Costco o a un club campestre para su deleite y disfrute. Pero no nos referimos a eso cuando hablamos de la membresía eclesiástica.

La membresía de la iglesia es una forma de describir la clase de relación que Dios llama a los creyentes a tener entre sí para

honrarlo,
    cumplir la Gran Comisión (capítulo 9)
    y ayudarse mutuamente a llegar al cielo.

Aquí tienes cuatro características de la membresía de la iglesia.

1. *Voluntaria*

Los cristianos deben obedecer voluntariamente el llamado de Dios de unirse a otros creyentes a través de la membresía. Hacemos esto no debido a una coerción obediente, sino por creer en que el diseño de Dios es sabio y bueno.

Recientemente hablé con alguien que dejó otra iglesia por buenas razones, aunque difíciles. Confesó que la única razón por la que se unió a nuestra iglesia fue porque sabía que Dios lo había ordenado. Dijo que Dios usó ese acto de obediencia impulsado por la fe para ayudarle a crecer y sanar de maneras que nunca hubiera podido fuera de la iglesia.

2. Intencional

El amor y la unidad no *ocurren* por casualidad. Deben procurarse y cultivarse intencionalmente. Los cristianos se unen a una iglesia local con la intención de desarrollar relaciones en las que los creyentes se esfuerzan por hacer bien espiritual unos a otros. Nos esforzamos por ayudarnos unos a otros a crecer en la santidad de Cristo.

3. Responsable

Por medio de la membresía de la iglesia desarrollamos lo que me gusta llamar «relaciones intencionalmente intrusivas». Esto no quiere decir que todos se entrometen en los asuntos de todos, pero sí que *alguien* se interesa en *tus* asuntos. Todos necesitamos personas que nos responsabilicen por la manera en que usamos nuestras palabras, dinero y tiempo. Necesitamos personas que nos confronten cuando pecamos y nos animen cuando estamos luchando. La iglesia es una familia que hace todo lo posible por ayudarse a honrar a Jesús en público y en privado.

4. Comprometida

Cuando un esposo y una esposa se casan, se comprometen a amarse en temporadas duras y dulces. La membresía de la iglesia es similar. Nuestro amor por los demás será probado. Nos defraudaremos. Pecaremos unos contra otros. Nuestras preferencias no siempre serán satisfechas. Pero la membresía de la iglesia es una manera de decir que, por la gracia de Dios, tenemos la intención de ser responsables unos de otros. No seremos triviales u ocasionales en nuestro amor. Estamos en esto juntos hasta que Dios nos muestre razones bíblicas para unirnos a otra iglesia local.

BRIAN

El amor que Dave describió en la membresía de la iglesia fue esclarecedor para Brian. No sonaba como el compromiso rancio y legalista que imaginaba. En cambio, se parecía mucho a la forma en que Jesús lo había amado. Esto le hizo querer aprender más de lo que dice la Biblia respecto a la membresía.

1. LA MEMBRESÍA REFUERZA LA SEGURIDAD

La seguridad de la salvación del cristiano se basa completamente en la obra culminada de Jesucristo y el testimonio del Espíritu Santo (Rom. 8:16; 1 Jn. 4:13-18; 5:6-13). La membresía en una iglesia local nunca reemplaza esto, pero sirve como un eco de esta buena noticia.

Cuando una iglesia escucha la profesión de fe en Cristo de alguien, lo bautiza como miembro y le da la bienvenida a la Cena del Señor, le da a esa persona la seguridad de su salvación. En esencia, la iglesia está diciendo: «Hemos escuchado tu testimonio y visto la forma en que Jesús ha cambiado tu vida. Tenemos razones para creer que eres un hermano en Cristo».

> **Un prerrequisito para la membresía de la iglesia es una profesión de fe creíble.**

Esa es la razón por la que las congregaciones deben remover su afirmación por medio de la disciplina de la iglesia cuando un miembro se rehúsa repetidamente a arrepentirse del pecado (Mat. 18:15-18, ver el capítulo 8).

Ciertamente, algunas iglesias son descuidadas con la membresía y dan seguridad demasiado rápido. Incluso las iglesias más sanas se equivocarán en afirmar la profesión de personas. Pero Dios usa la membresía como un medio para reforzar la seguridad de fe de los verdaderos creyentes.

2. LA MEMBRESÍA ACLARA CON QUIÉNES NOS REUNIMOS

Los cristianos son libres de disfrutar el tiempo con quien deseen. Sin embargo, debemos tener cierto grupo de creyentes con quienes nos reunimos regularmente para cumplir los mandatos de Dios.

«Mantengamos firme, sin fluctuar, la profesión de nuestra esperanza, porque fiel es el que prometió. Y considerémonos unos a otros para estimularnos al amor y a las buenas obras; no dejando de congregarnos, como algunos tienen por costumbre, sino exhortándonos; y tanto más, cuanto veis que aquel día se acerca» (Heb. 10:23-25).

Si estás buscando un versículo que te ordene reunirte con la iglesia, aquí está. Cuando alguien se convierte en cristiano, no es llamado a una vida aislada con Jesús en una isla espiritual. Somos llamados a reunirnos regularmente. ¿Pero con quiénes no debemos «[dejar] de congregarnos»? ¿Está hablando de nuestra relación con *todos* los cristianos?

No. Está hablando de un compromiso consciente con un grupo específico de creyentes.

Estas son personas que están comprometidas entre sí, que luchan intencionalmente contra el pecado, que sufren juntos persecución y se involucran en la vida del otro. La membresía de la iglesia aclara exactamente con quiénes nos reunimos regularmente.

3. LA MEMBRESÍA CULTIVA EL AMOR

Cuando leemos el Nuevo Testamento encontramos cerca de 50 mandamientos de «unos a otros». Estos mandatos enseñan a los cristianos cómo (¡lo adivinaste!) interactuar entre sí de una forma que refleje el amor de Dios. Debemos ser amables unos con otros (1 Tes. 5:13), sobrellevar las cargas de los otros (Gál. 6:2), hospedarnos unos a otros (1 Ped. 4:9), perdonarnos unos a otros (Ef. 4:32) y así sucesivamente.

Estas descripciones del amor suponen una comunidad con otros creyentes. Es literalmente imposible obedecer docenas de mandatos si no estás sirviendo a esa comunidad. Esto implica el mandamiento más básico, que nos amemos unos a otros.

«Un mandamiento nuevo os doy: Que os améis unos a otros; como yo os he amado, que también os améis unos a otros. En esto conocerán todos que sois mis discípulos, si tuviereis amor los unos con los otros» (Juan 13:34-35).

El amor es la principal marca del creyente.

Dios es amor y, por tanto, Sus hijos deben mostrar Su amor a través del poder del Espíritu Santo. Una iglesia local debe ser una comunidad marcada por el perdón porque se nos ha perdonado mucho (Luc. 7:47). Debemos caracterizarnos por la paciencia porque Cristo ha sido paciente con nosotros (Rom. 2:4; 2 Ped. 3:9). Somos un pueblo que sirve y se sacrifica porque Cristo lo ha hecho por nosotros (Juan 13:1-17).

DETENTE

¿Cómo te ha mostrado Dios Su amor? ¿Cómo debería verse ese mismo amor entre los creyentes?
¿Puedes pensar en formas en las que has visto el amor de Dios manifestado por medio de Su iglesia?

Dios nos enseña a amar a través de diversas relaciones. Cuando la iglesia local se reúne, parece que los miembros tienen poco en común.

Nuestro color de piel y gustos políticos son diferentes.
Nuestro trasfondo cultural y situaciones económicas varían.
Tenemos preferencias y convicciones distintas.

Esta diversidad a veces puede ser difícil, pero Dios la usa maravillosamente. Verás, cuando estamos unidos a personas que son diferentes a nosotros, debemos esforzarnos por amarlas, y ellas deben esforzarse por amarnos. Debemos aprender a escuchar, ser empáticos y pacientes.

A pesar de nuestras diferencias, lo que nos une es nuestro amor por el Señor Jesús.

Tenemos testimonios únicos, pero todos llevamos las marcas de Su amor divino.

Él murió por nosotros,
    resucitó por nosotros,
        nos llamó,
            nos convirtió
                y sigue sosteniéndonos por Su gracia.

Él nos ha enseñado a cada uno de nosotros lo que es el amor. Al comprometernos con una iglesia local, nos comprometemos a mostrar este mismo amor a los demás.

¿Qué sucede cuando los miembros de una iglesia se comprometen a amarse unos a otros? La iglesia se convierte en un testimonio distintivo del evangelio, uno que se ve diferente al mundo. Es *a través* de nuestra vida juntos centrada en el evangelio, que se ofrece esperanza al mundo. La membresía ayuda, pues, a aclarar a quiénes amamos y cómo debemos amarlos.

4. LA MEMBRESÍA ACLARA A QUIÉNES CUIDAMOS

Los cristianos debemos hacer el bien a todas las personas en general (1 Tes. 5:15) y especialmente a otros creyentes (Gál. 6:10).

Sin embargo, el Nuevo Testamento prioriza cuidar de aquellos en tu iglesia local.

De hecho, casi todas las referencias bíblicas sobre «cuidar de los pobres» son descripciones de cómo los creyentes atendían a los miembros de su comunidad.

«Así que, según tengamos oportunidad, hagamos bien a todos, y mayormente a los de la familia de la fe» (Gál. 6:10).

ILUSTRACIÓN

He sido bendecido con muchos amigos y conocidos. Conocemos a personas a través de la iglesia, las ligas deportivas de nuestros hijos y otros eventos comunitarios. Al desarrollar relaciones con estas personas, muchas necesidades salen a la luz. Hay problemas financieros, condiciones de salud e innumerables situaciones difíciles.

Si bien me preocupo por cada una de esas familias y sus necesidades, solo tengo una cantidad limitada de tiempo, energía y recursos. Esto me obliga a decidir a quiénes puedo ayudar y cuánto puedo ayudarles.

De todos aquellos que tienen necesidades, ¿quiénes deberían recibir la mayor parte de mi atención? Mi familia. Mi esposa e hijos deben ser lo primero y más importante. Sin duda, nuestra familia se sacrifica para ayudar a otros, pero mi primera responsabilidad es con ellos. Lo mismo debería ocurrir entre los cristianos en la forma en que se relacionan con otros miembros de la iglesia.

Así como cuidar de las necesidades de nuestra familia natural no es opcional (1 Tim. 5:8), tampoco lo es cuidar de los miembros de nuestra iglesia local. En el día final, seremos juzgados por la manera en que servimos a nuestros hermanos y hermanas necesitados (Mat. 25:31-46; Hech. 6:1-6). Retener la generosidad es un pecado grave porque olvida la generosidad que Jesús nos ha mostrado (Sant. 2:14-17; 1 Jn. 3:16-18).

Si bien siempre debemos desear ser generosos unos con otros, no debemos favorecer a los que no quieren cuidarse a sí mismos (2 Tes. 3:10-15). La membresía de la iglesia ayuda enormemente a conocer las necesidades y discernir los límites. Uno de los ejemplos más claros de esto se encuentra en 1 Timoteo 5:1-16, donde Pablo instruye a Timoteo sobre cómo la iglesia en Éfeso debe cuidar a las viudas entre ellos. La iglesia debe hacer una lista de las viudas para evaluar sus necesidades basándose en ciertos criterios. Él supone que la congregación conoce a estas hermanas lo suficientemente bien para evaluar su carácter y suplir sus necesidades. La membresía de la iglesia brinda la estructura necesaria para ayudar a identificar las necesidades del rebaño.

> **DETENTE**
>
> *¿Cómo piensas que un sistema de membresía podría ayudar a promover el amor y el servicio?*
> *¿Puedes pensar en alguna forma en la que la membresía podría sofocar ese amor?*

Una pregunta persistente que podrías tener es cómo funciona la membresía en iglesias más grandes. Cuando una iglesia crece hasta el punto en que los miembros no pueden conocerse entre todos, el liderazgo debe adaptarse para asegurarse de que su congregación no permita a los miembros permanecer en el anonimato y sin rendir cuentas. Tener una pluralidad de ancianos y establecer iglesias nuevas son algunas de las opciones para evitar esto. También ayuda a los pastores a servir con la conciencia tranquila, sabiendo que ninguna de las ovejas de Jesús queda abandonada.

5. LA MEMBRESÍA ES ESENCIAL PARA QUE LOS PASTORES SEAN FIELES

«*Obedeced a vuestros pastores, y sujetaos a ellos; porque ellos velan por vuestras almas, como quienes han de dar cuenta; para que lo hagan con alegría, y no quejándose, porque esto no os es provechoso*» (Heb. 13:17).

ILUSTRACIÓN

Poco después de convertirme en cristiano, pastoreé una plantación de iglesia. Intencionalmente comenzamos nuestra iglesia sin membresía. Sabíamos que la Biblia tenía mandatos para nosotros, pero no vimos razón para formalizar amistades y trazar límites en torno a las relaciones.

Aunque nuestras intenciones eran buenas, este movimiento obstaculizó nuestro crecimiento espiritual. Realmente nunca supimos quiénes éramos «nosotros». Había un amor genuino, pero a medida que crecíamos, la falta de claridad respecto a quiénes estaban entre nosotros dificultó el discipulado, el servicio y la unidad. El guardar la mesa del Señor siempre se vio obstruido, y nuestro primer intento de disciplina eclesiástica fue un desastre (ver el capítulo 8 para más información sobre la disciplina).

Pero uno de los momentos más revolucionarios en mi ministerio llegó cuando leí que los pastores «velan por vuestras almas, como quienes han de dar cuenta». Dios dice que, en el día del juicio, los pastores le rendirán cuentas por la manera en que cuidaron del pueblo que se les confió.

Los pastores no son responsables por todos los cristianos en todas partes del mundo exactamente de la misma manera. En cambio, hay cristianos en particular que, por medio de la membresía se han comprometido a sujetarse y obedecerlos en el Señor. Esto supone, como mínimo, que estos líderes conocen a las personas que se supone deben cuidar.

Ciertamente, los pastores deben cuidar a cualquiera que visite su iglesia, pero no son responsables por ese visitante de la misma manera en que lo son por un miembro de la congregación. Los miembros confían, siguen y se sujetan a ellos porque Dios los ha colocado como pastores sobre ellos.

Con esta clase de responsabilidad que Dios les confía, el liderazgo de la iglesia debe conocer por quiénes rendirá cuentas un día. La membresía de la iglesia deja esto muy en claro.

DETENTE

¿Puedes ver cómo la membresía de la iglesia ayuda a la capacidad del pastor para cuidar de la congregación? ¿Cómo podría tener problemas el liderazgo de una congregación si la membresía de la iglesia no está claramente definida? ¿Cómo se podría ayudar a los miembros de una iglesia al tener líderes claramente identificados?

---

6. LA MEMBRESÍA ACLARA DE QUIÉNES APRENDEN LOS CRISTIANOS

Todos los miembros deben ser capaces de aprender de los demás miembros (Rom. 15:14). El Espíritu Santo le da a cada creyente la capacidad de entender y aplicar la Palabra de Dios entre ellos. Si bien este es el caso, Dios también provee líderes en cada congregación para que supervisen y preparen a los miembros.

El Señor llama a los miembros a «obedecer y sujetarse» a los pastores de su iglesia local. Aunque sujetarse a los líderes puede ser inquietante para algunos, es una bendición para el rebaño. Abordaremos más del tema de la relación entre los líderes y la congregación en el capítulo 7, pero consideremos ahora una parte de la discusión.

En Hebreos 13:17 vimos una clara expectativa de que miembros particulares de la iglesia decidan conscientemente sujetarse y obedecer a líderes pastorales particulares. ¿Cómo puede un cristiano sujetarse a sus *pastores si no pertenece literalmente a una iglesia local?* No se le ordena sujetarse a algunos pastores o a todos los pastores, sino específicamente a «*[sus]* pastores».

**La membresía de la iglesia simplemente aclara
quiénes son los líderes y qué responsabilidades
tiene la congregación para con ellos.**

Esto significa que la congregación tiene la responsabilidad de escoger a sus líderes sabiamente; esto significa que los pastores deben cuidar del rebaño sacrificialmente. La membresía ayuda a los cristianos a reconocer y entender cómo relacionarse con los pastores que Dios les ha dado para guiar, alimentar y proteger a su iglesia.

7. LA MEMBRESÍA FOMENTA LA FRUCTIFICACIÓN

En los versículos que acabamos de leer en Hebreos 10:24-25 se nos exhorta a «*[considerarnos] unos a otros para estimularnos al amor y a las buenas obras*» y a exhortarnos. A los miembros de la iglesia se les ordena pensar, orar y encontrar intencionalmente formas de cultivar buenos frutos en la vida de los demás.

Estos versículos plasman la imagen de cristianos que se conocen lo suficientemente bien como para dar estímulos específicos para fomentar la fructificación. Saben qué promesas aplicar a las almas de los demás. No son simples conocidos. Estas son personas que saben que Jesús viene pronto y, por tanto, se comprometen a ayudarse unos a otros a ser fructíferos y fieles. No puedes hacer eso con todos los creyentes o con cualquier creyente con el que te topes.

**La membresía de la iglesia ayuda a los cristianos
a enfocar su ministerio en un grupo específico
de hermanos creyentes que el Señor ha unido.**

ILUSTRACIÓN

Mi madre tenía un jardín cuando era más joven. Recuerdo verla arar la tierra y plantar semillas. Yo sostenía la manguera mientras el agua empapaba el piso en la base de las plantas. Recuerdo reparar la cerca porque mi madre decía que mantenía a raya a los bichos hambrientos. Teníamos que ser implacables al arrancar la maleza, y cuando las plantas brotaban, las podábamos y recogíamos. Para que el jardín fuera lo más fructífero posible, teníamos que atenderlo constantemente.

La membresía de la iglesia se parece mucho a la jardinería. Sembramos las semillas de la verdad en la vida de los demás y las regamos con estímulo para que produzcan todo el fruto que sea posible para la gloria de Dios. Esa clase de amor no ocurre a través de un compromiso informal. Llega mediante una relación intencional, comprometida y duradera.

8. LA MEMBRESÍA NOS AYUDA A LUCHAR CONTRA EL PECADO Y PERSEVERAR EN LA FE

Hay una línea en un himno muy conocido que declara: «*Pronto a andar lejos de Cristo, y alejarme de mi Dios*». Nuestros corazones son inconstantes. Nos cuesta luchar contra las tentaciones del pecado y a veces terminamos haciendo concesiones. Esto le sucede tanto a pastores como a nuevos creyentes. Afortunadamente, Dios nos ha dado la iglesia local para ayudarnos en nuestra lucha contra el engaño del pecado.

«*Mirad, hermanos, que no haya en ninguno de vosotros corazón malo de incredulidad para apartarse del Dios vivo; antes exhortaos los unos a los otros cada día, entre tanto que se dice: Hoy; para que ninguno de vosotros se endurezca por el engaño del pecado. Porque somos hechos participantes de Cristo, con tal que retengamos firme hasta el fin nuestra confianza del principio*» (Heb. 3:12-14).

A Satanás se lo conoce como el tentador. Él se complace en engañar a los creyentes con ofertas pecaminosas que los llevan a apartarse de Dios.

Nos asegura que podemos manejar la tentación.

Nos asegura que podemos dejar de ceder a un pecado en particular en cualquier momento.

Luego, una vez que hemos cedido, ataca con culpa vergonzosa. Nos convence de que debemos encubrir nuestro pecado para que nadie se entere.

La guerra contra el pecado no debe pelearse a solas. Antes bien, debemos exhortarnos «los unos a los otros cada día, entre tanto que se dice: Hoy». ¿Con quién tienes esa clase de relación? ¿Puedes hacer eso con todos los cristianos de todas partes? No. Este es un mandato que solo puede implementarse entre creyentes que ves regularmente. ¿De qué otra forma podríamos rendir cuentas? La membresía cristaliza tanto a quiénes nos comprometemos a animar como a quiénes se comprometen a animarnos.

¿Significa esto que nunca debemos ayudar a otros cristianos? No, por supuesto que no. Pero aunque los creyentes deberían buscar ayudar y animar a todos los cristianos cuando sea posible, su principal responsabilidad es hacia las personas con las que se han comprometido en su iglesia local.

Lamentablemente, los creyentes ocasionalmente son engañados y quedan atrapados en el pecado. ¿Qué dice Dios que deberíamos hacer cuando esto ocurre?

«Hermanos, si alguno de entre vosotros se ha extraviado de la verdad, y alguno le hace volver, sepa que el que haga volver al pecador del error de su camino, salvará de muerte un alma, y cubrirá multitud de pecados» (Sant. 5:19-20).

En estos versículos, se nos llama a rescatar a los hermanos que se han desviado hacia el pecado. ¿Qué hermanos en particular debemos rescatar? ¿A todos los hermanos en todas partes? Sin duda creo que deberías ayudar si conoces a un cristiano descarriado que no sea miembro de tu iglesia. Pero nota el énfasis de este pasaje:

«si alguno *de entre vosotros* se ha extraviado de la verdad». ¿Qué implica «entre vosotros»? Implica que hay una comunidad de creyentes en particular que se congrega regularmente en torno a la verdad del evangelio.

Entonces, ¿qué sucede cuando uno de entre nosotros se adentra en el pecado? Alguien necesita abordarlo. La membresía eclesiástica modela el amor de Jesús que dejó a las 99 para rescatar a la que había caído en pecado.

BRIAN

Después de considerar todo lo que Dave le compartió sobre la membresía de la iglesia, Brian estaba listo para comprometerse con la iglesia. Su disposición incluso le sorprendió a él mismo porque nunca había sido del tipo religioso. Pero mientras más leía la Biblia y mientras más pasaba tiempo con personas de la congregación, sabía que Dios usaría el amor intencional de otros creyentes para ayudarle a caminar con Él. También pensaba que podía ser de bendición a los demás.

VERSÍCULO PARA MEMORIZAR

«*Porque de la manera que en un cuerpo tenemos muchos miembros, pero no todos los miembros tienen la misma función, así nosotros, siendo muchos, somos un cuerpo en Cristo, y todos miembros los unos de los otros*» (Rom. 12:4-5).

RESUMEN

Dios usa las relaciones voluntarias, intencionales, responsables y comprometidas de la membresía de la iglesia para ayudarte a perseverar en la fe. Hace que desviarse hacia el pecado sea más difícil porque tienes a personas que se han comprometido a amarte e ir por ti si te descarrías. Pero también *te* coloca en la posición de cuidar a otros y ayudarlos a perseverar.

¿CUÁL ES EL PUNTO?

Sigue a líderes que siguen a Jesús.

Jesús

«*Cristo es cabeza de la iglesia, la cual es su cuerpo, y él es su Salvador*» (Ef. 5:23).

Toda discusión respecto al liderazgo de la iglesia debe iniciar con Jesús.

Jesús es el Salvador y Señor que edifica a Su iglesia (Mat. 16:18).

Dios el Padre «*sometió todas las cosas bajo sus pies, y lo dio por cabeza sobre todas las cosas a la iglesia, la cual es su cuerpo, la plenitud de Aquel que todo lo llena en todo*» (Ef. 1:22-23). Jesús sirve como el «apóstol y sumo sacerdote» que edifica e intercede por Su amada novia (Heb. 3:1).

Sobre Su relación con la iglesia, Jesús dijo: «*Yo soy el buen pastor; y conozco mis ovejas, y las mías me conocen [...] y pongo mi vida por las ovejas. [...] Mis ovejas oyen mi voz, y yo las conozco, y me siguen, y yo les doy vida eterna; y no perecerán jamás, ni nadie las arrebatará de mi mano*» (Juan 10:14-28). **Jesús sirve como el Príncipe de los pastores y supervisor de nuestras almas (1 Ped. 2:25; 5:4).**

Iniciamos nuestra discusión del tema del liderazgo de la iglesia con Jesús porque somos muy propensos a olvidarlo. Si bien no hay nada intrínsecamente malo con referirnos a una iglesia local como «mi iglesia», y a un pastor humano como «mi pastor», jamás debemos olvidar que siempre es la iglesia de Jesús, y que cualquier ser humano que tenga autoridad en su iglesia es simplemente un mayordomo o «pastor subordinado» (1 Ped. 5:1-4).

DETENTE

¿Cómo crees que se podrían ayudar las congregaciones al reflexionar regularmente sobre Jesús como el Príncipe de los pastores? ¿Qué ánimo encuentras al saber que Jesús es el Príncipe de los pastores que supervisa todo lo que sucede en la iglesia?

CAPÍTULO 7

El liderazgo

🔘 BRIAN

Brian siempre había sido desconfiado de la autoridad. Tal vez por la intimidación de su padre o por sus encuentros con la policía. De cualquier manera, la idea de reunirse con el pastor Thomas le incomodaba.

Dave le aseguró a Brian que el pastor era un hombre piadoso que creía en las cosas que predicaba. Le explicó que el pastor Thomas siempre se reunía con las personas que deseaban unirse a la iglesia y bautizarse.

Su almuerzo comenzó con una breve charla en la que Thomas le preguntó a Brian qué había estado haciendo Dios recientemente en su vida. Brian le habló sobre la muerte de su amigo y la forma en que Jesús usó eso para mostrarle su necesidad de un Salvador. Le explicó que Dave le ofreció su amistad el primer día en la iglesia, y que había estado creciendo en su fe desde entonces.

Después de un rato, el pastor Thomas le preguntó a Brian: «Entonces, ¿tienes algunas preguntas para mí?».

«Sí», le respondió.

«Lo veo al frente el domingo hablándonos de Dios, ¿pero puede ayudarme a entender qué es un pastor y cómo lidera a la iglesia?».

DETENTE

¿Piensas que los que están en autoridad edifican u oprimen?
Cuando piensas en el liderazgo de una iglesia, ¿qué te viene
a la mente? ¿Has visto u oído hablar de liderazgo deficiente
en la iglesia? De ser así, ¿puedes dar un ejemplo? ¿Has sido
testigo de ejemplos positivos de liderazgo en la iglesia?

UNA PALABRA DE AUTORIDAD

Hay algo sobre la autoridad que a la mayoría nos desagrada. No nos gusta que alguien por encima de nosotros nos diga qué hacer. Debido a esto, muchos ven el resistirse a la autoridad como una gran virtud. Pero deberíamos ser cautelosos cuando sentimos que la resistencia brota en nuestros corazones.

Dios es la gran autoridad.

Él ha creado un mundo en el que la autoridad y la sujeción son igual de innegables que la gravedad. La gravedad es un regalo porque mantiene nuestra comida en sus platos y nos protege de flotar hacia la atmósfera. De manera similar, la autoridad de Dios sobre nosotros es un regalo protector y guía que asegura una gran bendición sobre quienes nos sometemos a ella (Ex. 20:12). Ha diseñado a la policía y a los funcionarios gubernamentales para proteger a los ciudadanos y asegurarse de que el mal no los supere (Rom. 13:1-7).

Pero algo ha salido terriblemente mal en el mundo de Dios.

Adán y Eva rechazaron el gobierno de Dios sobre ellos, trayendo corrupción a todo el sistema. Ahora, los que están *en* autoridad se ven tentados a oprimir y controlar a aquellos bajo su cuidado, mientras que los que están *bajo* autoridad se ven tentados a resistirse y desestimar la dirección de quienes están por encima de ellos.

Navegar en este laberinto puede ser desor[...]
Como cristianos, no debemos quedar ciegament[...]
dos en la revuelta. Ciertamente, hay momentos e[...]
debemos oponernos a las autoridades perversas; [...]
como conducir un automóvil sin frenos es peligros[...]
sitamos las estructuras de control que Dios nos ha[...]

El liderazgo piadoso es un gran regalo para el n[...]
y la iglesia. El liderazgo piadoso refleja el servicio s[...]
cial de Cristo. Usa poder para proteger e influenci[...]
edificar. Su dirección es hacia nuestro gozo, no lej[...]
él. Esto debería producir humildad en los coraz[...]
de los líderes y una gran esperanza en aquellos que e[...]
siendo guiados.

Las últimas palabras del rey David captaron el dis[...]
de Dios para el liderazgo piadoso: «*El Dios de Israel[...]*
dicho, Me habló la Roca de Israel: Habrá un justo q[...]
gobierne entre los hombres, que gobierne en el temor[...]
Dios. Será como la luz de la mañana, como el resplande[...]
del sol en una mañana sin nubes, como la lluvia que hac[...]
brotar la hierba de la tierra» (2 Sam. 23:3-4). Esta visión[...]
benevolente brinda el contexto para nuestra discusión[...]
sobre el liderazgo en la iglesia.

BRIAN

Cuando Brian escuchó al pastor Thomas explicar la autoridad, se sorprendió. Nunca había pensado que la autoridad fuera buena, mucho menos vivificante. Su impresión de los líderes de la iglesia casi siempre había sido negativa. Supuso que solo estaban de viaje o intentando meterse en los bolsillos de la gente. Pero esto le dio esperanza y le interesaba aprender más.

EL LIDERAZGO EN LA IGLESIA LOCAL

El Señor ha diseñado a la iglesia local para operar de una manera que promueva la humildad, el servicio y la rendición de cuentas.

La congregación

Jesús ha dado a las iglesias tanto el cargo como la autorización sobre todo lo que sucede en medio de ellas (Mat. 16:19; 18:18-20). La congregación tiene la responsabilidad de supervisar la doctrina, la disciplina, la membresía y la mayordomía.

En el libro de Gálatas, Pablo exhorta a las iglesias en Galacia por haberse desviado hacia la falsa doctrina (Gál. 1:1-10; 3:1). En sus epístolas, Juan dice que apoyar a los ministros fieles hace que una iglesia comparta su fidelidad (3 Jn. 8), mientras que apoyar a los falsos maestros hace que comparta su culpa (2 Jn. 10-11). Además, Jesús llama a la iglesia reunida a asegurarse de que el pecado impenitente se aborde en formas que preserven la unidad (Mat. 18:15-17; 1 Cor. 5:1-13).

En Apocalipsis 2–3, vemos a Jesús caminando entre las iglesias, examinando si le han sido fieles o no. Aunque los líderes desempeñan un papel importante en la vida de una iglesia, al final, la congregación en su conjunto tiene la responsabilidad de serle fiel.

DETENTE

¿Crees que la mayoría de las iglesias sienten el peso de la responsabilidad que Jesús les encomienda?
¿Cómo podría esta responsabilidad congregacional afectar positivamente la cultura de una iglesia?
¿Qué peligros podrían surgir si una iglesia no tuviera cuidado de asegurarse de que sus miembros fueran cristianos? ¿Cómo podrían los no creyentes con esta autoridad afectar negativamente a la iglesia?

Los ancianos y pastores

Una de las formas en que una iglesia emplea bien su autoridad es seleccionando líderes piadosos que los guíen en obediencia a Jesús. Estos líderes se llaman ancianos u obispos (Hech. 20:28; Ef. 4:11; 1 Ped. 5:2). Las congregaciones son responsables de reconocer a estos líderes como regalos a la iglesia. Los líderes responsables de guiar a la iglesia hacia la madurez espiritual (1 Tim. 5:17) alimentan fielmente a la iglesia con la Palabra (2 Tim. 4:1-5), preparan a la iglesia para la obra del ministerio (Ef. 4:11-16) y protegen a la iglesia de los falsos maestros (Tito 1:9).

«Por tanto, mirad por vosotros, y por todo el rebaño en que el Espíritu Santo os ha puesto por obispos, para apacentar la iglesia del Señor, la cual él ganó por su propia sangre» (Hech. 20:28).

En este versículo vemos a Dios el Padre, el Hijo y el Espíritu Santo trabajando juntos a favor de Su iglesia. Jesús el Hijo adquirió a la iglesia derramando Su sangre en la cruz (Apoc. 5:9). El Espíritu Santo dota y nombra ancianos para supervisar y cuidar a la iglesia en nombre del Padre (1 Cor. 12:8-11). La iglesia le pertenece a Dios y, en Su misericordia, Él cuida de ella estableciendo líderes.

Dios nos dice qué buscar al escoger ancianos. Deben ser hombres con las cualidades de Cristo (1 Tim. 2:11-3:7; Tito 1:5-9). Deben ser «irreprensibles», lo que no significa que sean perfectos, sino que son capaces de cuidar humildemente al rebaño con una consciencia tranquila y sirven como un ejemplo de fe (1 Tim. 3:1-7; Heb. 13:7; 1 Ped. 5:1-5).

Por lo general, hay varios ancianos en las iglesias, porque Dios quiere que varios pastores trabajen juntos para llevar a cabo el ministerio (Hech. 11:30; 14:23; 15:22; 20:17; 1 Tim. 4:14; 5:17; Tito 1:5; 1 Ped. 5:1-5). Una pluralidad de ancianos protege tanto a la iglesia como a cualquier anciano de tener una autoridad descontrolada.

ILUSTRACIÓN

Los padres amorosos son un regalo maravilloso. Un padre que es duro y tierno y una madre que es gentil y cariñosa brindan una combinación afectuosa que refleja el amor de Dios hacia Su pueblo. Un hogar con padres como estos nunca está libre de problemas, pero tiene una estabilidad y dulzura que Dios desea que los hijos disfruten, honren y obedezcan (Ef. 6:1-3).

Mi esposa no tuvo un hogar como este cuando era niña. Su madre era una mujer maravillosa, pero su padre no era un hombre piadoso. No obstante, ha sido un placer verla encontrar esta clase de cuidado parental en los pastores fieles que Dios le ha provisto con los años.

De esa misma forma, Pablo describe el cuidado que la iglesia en Tesalónica había recibido de Silas, Timoteo y de él: «*Antes fuimos tiernos entre vosotros, como la nodriza que cuida con ternura a sus propios hijos. Tan grande es nuestro afecto por vosotros, que hubiéramos querido entregaros no sólo el evangelio de Dios, sino también nuestras propias vidas; porque habéis llegado a sernos muy queridos [...] así como también sabéis de qué modo, como el padre a sus hijos, exhortábamos y consolábamos a cada uno de vosotros, y os encargábamos que anduvieseis como es digno de Dios, que os llamó a su reino y gloria*» (1 Tes. 2:7-12).

BRIAN

Mientras el pastor Thomas describía la manera en que se supone que los líderes deben amar a la iglesia, Brian guardaba silencio. Dave sabía que la familia era un tema inquietante para Brian. Los padres de Brian eran todo menos amorosos, y siempre que surgían en una conversación, era como echar sal en una herida abierta. Dave se preguntaba si Brian estaba oyendo lo que el pastor estaba diciendo o no.

Antes de que Dave pudiera decir algo, Brian habló: «Mi familia no se parece en nada a eso, pero puedo ver cómo Dios podría estar dándome una nueva clase de familia aquí en la iglesia. Dave y Ashley han sido muy amables conmigo, y hasta ahora, el liderazgo de la iglesia se ha asemejado mucho a lo que está describiendo».

El pastor Thomas le dijo a Brian que lo había animado oír cómo Dios lo había desafiado, y le preguntó si podía compartir uno de los pasajes más difíciles para él como pastor:

«Obedeced a vuestros pastores, y sujetaos a ellos; porque ellos velan por vuestras almas, como quienes han de dar cuenta; para que lo hagan con alegría, y no quejándose, porque esto no os es provechoso» (Heb. 13:17).

Este versículo refleja la relación entre una congregación y los líderes que ellos han reconocido como dotados para pastorearlos. La congregación es llamada a «obedecer y sujetarse» a los pastores. No, esto no significa que los ancianos controlan las vidas de los miembros de la iglesia. Lo que sí significa es que Dios espera que los miembros tengan una postura general de sujeción mientras los ancianos lideran conforme a la Escritura.

La iglesia reconoce que Dios ha confiado las almas de la congregación a ciertos ancianos. Jesús es su Salvador, pero una de las formas en que Dios ayuda a Su pueblo a perseverar es a través de la ayuda de líderes piadosos. Por esta razón, Dios encarga a los pastores: *«Ten cuidado de ti mismo y de la doctrina; persiste en ello, pues haciendo esto, te salvarás a ti mismo y a los que te oyeren»* (1 Tim. 4:16). Dios usa a los ancianos para ayudar a Su pueblo a llegar al cielo. Ellos enseñan la Palabra de Dios, advierten de los peligros espirituales, ayudan a las ovejas atrapadas y guían a los miembros para que se reconcilien entre sí.

Cuando los ancianos lideran al rebaño, lo hacen sabiendo que «rendirán cuentas» por las almas de sus miembros. Llegará el día en que todas las personas rendirán cuentas por lo que han hecho (Mat. 16:27; Rom. 14:12). Los ancianos no están exentos de este juicio. De hecho, el suyo será más intenso (Sant. 3:1).

Dios está profundamente enojado con los pastores que oprimen o descuidan a Su rebaño, pero promete venir entre Sus ovejas y pastorearlas Él mismo (Jer. 23:1; Ezeq. 34:1-31; Juan 10:1-30). Después de todo, los pastores son ovejas a quienes el Señor también ha llamado para servir como «pastores subordinados» en el ministerio de Jesús, el «Príncipe de los pastores» (1 Ped. 5:1-7).

A medida que nos acercamos a ese gran día, los pastores deben preparar a la iglesia para ser la novia pura que Jesús reciba. El apóstol Pablo describió el ministerio así: *«Porque os celo con celo de Dios; pues os he desposado con un solo esposo, para presentaros como una virgen pura a Cristo. Pero temo que como la serpiente con su astucia engañó a Eva, vuestros sentidos sean de alguna manera extraviados de la sincera fidelidad a Cristo»* (2 Cor. 11:2-3). Satanás siempre está acechando cerca, buscando engañar, tentar y apartar al rebaño por medio de artimañas (1 Ped. 5:8). Los pastores deben hacer todo lo posible por protegerse a sí mismos y al rebaño de los ataques del tentador.

DETENTE

¿Cómo ha moldeado esta descripción de lo que es y hace un pastor la manera en que piensas sobre el liderazgo de la iglesia?

¿Cómo debería afectar este gran llamado a los miembros de una iglesia?

Al final de Hebreos 13:17, la congregación recibe un recordatorio importante: *«para que lo hagan con alegría, y no quejándose»*. Mientras los pastores se esfuerzan por servir a la iglesia y preparar a su congregación para el cielo, la iglesia debe esforzarse por hacer que el ministerio de sus pastores sea una dicha. Los pastores conocen las alegrías del ministerio (1 Tes. 2:19-20; 3 Jn. 4), pero también conocen sus pesares.

Dios ordena a los miembros de la iglesia que permitan que sus pastores sirvan con alegría, no quejándose.

Es fácil sentirse provocado a «quejarse», cuando los miembros se ven involucrados en calumnias, quejas, críticas y chismes, en lugar de esforzarse humildemente por alcanzar la unidad.

Por otro lado, los pastores se sienten *animados* en su trabajo cuando ven a los miembros de la iglesia caminando en obediencia a Dios, confiando en Él en la adversidad, soportando persecución, mostrándose amor unos a otros y ofrendando generosamente por el bien de la propagación del evangelio (Fil. 1:3-5; 1 Tes. 1:2-3; 2 Tes. 1:3-4; 2 Jn. 4). Las iglesias deben esforzarse por honrar a Dios en todo lo que hacen, incluidas las formas en que aman a sus pastores.

DETENTE

¿De qué maneras podrías animar a tus pastores/ancianos en sus labores?
¿Cómo les ayudaría tu ánimo a honrar a Dios?

BRIAN

El pastor Thomas le preguntó a Brian cómo se sentía luego de oír lo que dice la Escritura sobre los ancianos/pastores. Brian admitió que nunca había pensado que ellos rendirían cuentas a Dios por los miembros de la iglesia.

«Creo que debería orar por usted más de lo que lo hago», dijo Brian.

Dave preguntó si el pastor Thomas podría terminar su reunión hablándole a Brian de los diáconos y cómo encajan en la vida de la iglesia.

Los diáconos y las diaconisas

«Mas entre vosotros no será así, sino que el que quiera hacerse grande entre vosotros será vuestro servidor» (Mat. 20:26).

Si bien todos en la iglesia están llamados a servir, el Señor ha diseñado el oficio de diácono para una clase de servicio único. La palabra *diácono* literalmente significa «siervo», que capta de qué se trata todo este oficio. Los diáconos son miembros dotados de manera única que supervisan áreas del ministerio práctico. Los diáconos llevan a cabo su ministerio en cooperación con los ancianos y bajo su supervisión.

Tanto los ancianos como los diáconos eran oficios activos durante los días de los apóstoles (Fil. 1:1). Aunque sus ministerios están estrechamente relacionados, es importante entender en qué se diferencian. Los ancianos son responsables del liderazgo y la instrucción espiritual, mientras que los diáconos trabajan bajo la dirección de los ancianos cuidando de las necesidades prácticas dentro de la congregación.

Los diáconos aparecen por primera vez en Hechos 6:1-7, cuando los apóstoles presentaron a siervos piadosos para que cuidaran de las necesidades de las viudas en la iglesia. Estos siervos supervisaban la recolección y distribución de los recursos para socorrer a los miembros sufrientes. Esto fomentó un gran gozo y unidad en la iglesia, que son los frutos del servicio de un diácono. Esto también liberó a los ancianos y apóstoles para que centraran sus esfuerzos en orar y explicar lo que la Escritura enseña sobre seguir a Jesús, lo cual resultó en un gran crecimiento en el número de discípulos.

Si bien es importante mantener las diferencias entre los ancianos y los diáconos, no deberíamos suponer que los ancianos hacen el «verdadero» trabajo espiritual y que los diáconos simplemente hacen el trabajo físico.

Todo servicio al Señor Jesús es un trabajo espiritual, ya sea que venga en forma de palabras u obras.

Una iglesia que no predica fielmente la Palabra no tendrá corazón, pero una iglesia sin buenas obras no tiene manos. Tanto las palabras verdaderas como las obras compasivas son necesarias para que una iglesia sea fiel (Sant. 2:14-26). Los ancianos y los diáconos trabajan juntos para asegurarse de que la iglesia sea fiel en ambas áreas.

Debido a la importancia de su papel, los diáconos deben ser «honestos» de manera que se les permita ser un ejemplo para toda la congregación (1 Tim. 3:8-13). Sus requisitos son casi idénticos a los de los ancianos, excepto que no se les exige enseñar o ejercer autoridad espiritual como a los ancianos. Los diáconos deben estar «llenos del Espíritu Santo y de sabiduría» (Hech. 6:3) porque a menudo se les coloca al frente del ministerio donde necesitan sabiduría para atender apropiadamente a las personas que están sufriendo.

Siempre y cuando la iglesia tenga una clara comprensión de la diferencia entre el papel de los ancianos y el de los diáconos, los hombres y las mujeres deberían animarse a servir en este cargo. Las restricciones que prohíben a las hermanas servir como pastoras no están en juego porque el oficio de diácono no requiere ejercer autoridad sobre los hombres. Algunas iglesias discrepan en este punto, y valdría la pena seguir estudiándolo para que saques tus propias conclusiones.

Exactamente lo que hacen los diáconos depende de cada iglesia. Algunos diáconos supervisan la preparación de las ordenanzas, a los miembros confinados en sus hogares, los ministerios de misericordia para los pobres, las finanzas de la iglesia, las bodas, el ministerio de sonido y muchas otras cosas. Independientemente de las tareas que se les encomiende a los diáconos, ellos deben servir con fe sabiendo que «los que ejerzan bien el diaconado, ganan para sí un grado honroso, y mucha confianza en la fe que es en Cristo Jesús» (1 Tim. 3:13).

DETENTE

¿Cómo podría Dios usar el papel de un diácono para traer unidad a la iglesia local?

¿Cuáles son algunas posibles áreas del ministerio que son importantes, pero que deberían ser manejadas por los diáconos para que los pastores sean libres de ministrar la Palabra más fielmente?

BRIAN

Después del almuerzo, Brian y Dave agradecieron al pastor Thomas por pasar la tarde ayudándoles a aprender más sobre el liderazgo de la iglesia. Cuando se fue, Dave le preguntó a Brian: «Entonces, ¿qué opinas?».

Brian estaba muy animado, no solo por las explicaciones del pastor, sino por la sabiduría de Dios al organizar la iglesia como lo hizo. Brian sabía que necesitaba seguir creciendo en su comprensión de la Biblia antes de poder servir en cualquiera de esos cargos, pero deseaba ayudar en todo lo que pudiera.

VERSÍCULO PARA MEMORIZAR

«Obedeced a vuestros pastores, y sujetaos a ellos; porque ellos velan por vuestras almas, como quienes han de dar cuenta; para que lo hagan con alegría, y no quejándose, porque esto no os es provechoso» (Heb. 13:17).

RESUMEN

Dios cuida de Su pueblo al confiarlo a líderes que sirven en maneras que le honran. Los líderes siempre deben imitar a Jesús usando su autoridad para servir a aquellos bajo su cuidado. No debemos temer a los líderes piadosos, sino confiar en Dios al seguirlos como ellos siguen a Dios.

¿CUÁL ES EL PUNTO?

El amor se preocupa lo suficiente como para corregir el pecado del otro.

CAPÍTULO 8

La disciplina de la iglesia

BRIAN

Dado que Brian estaba listo para bautizarse y unirse a la iglesia, asistió a una clase de membresía. Durante la clase, el pastor Thomas mencionó brevemente la disciplina de la iglesia. Brian estaba confundido porque pensaba que la iglesia quería que las personas se involucraran, pero la disciplina de la iglesia parecía excluyente y sentenciosa.

Dave se unió a Brian durante la clase, así que después tomaron un café para procesar lo que había escuchado. Brian mencionó la disciplina de la iglesia y sugirió que Dave debería ayudarlo a ver lo que la Biblia decía al respecto.

ILUSTRACIÓN

Hace varios años, se publicó un anuncio aleccionador durante el Super Bowl. Era un comercial en blanco y negro que comenzaba mostrando a una chica parada sobre algo, mirando hacia abajo. El sonido pasaba de apagado a encendido e iba acompañado por el sonido de salpicaduras de agua.

Después de algunos momentos, el ángulo de la cámara se movía detrás de la chica y la mostraba mirando hacia el agua. Finalmente, el ángulo se movía sobre la escena revelando que la chica estaba en un muelle, viendo a alguien ahogarse. La pantalla se desvanecía a negro y una voz decía: «Si tu amigo estuviera ahogándose, ¿no harías nada al respecto?».

El comercial tenía la intención de desafiar a las personas a intervenir en las vidas de amigos consumidos por las drogas. Era un llamado a dejar de observarlos destruir sus vidas, y a hacer lo que fuera necesario para rescatarlos. El anuncio impulsaba a la gente a ser valiente con sus amigos drogadictos. También brinda la ilustración perfecta del corazón detrás de la disciplina de la iglesia.

🔑 *«Hermanos, si alguno de entre vosotros se ha extraviado de la verdad, y alguno le hace volver, sepa que el que haga volver al pecador del error de su camino, salvará de muerte un alma, y cubrirá multitud de pecados»* (Sant. 5:19-20).

> Dios desea que los miembros de la iglesia no permitan que los demás sean consumidos por el pecado. Deberían verse obligados por la gracia a hacer todo lo posible por rescatar a los hermanos extraviados.

Así como ayudar a alguien adicto a las drogas amerita sabiduría divina, necesitamos la sabiduría de Dios para buscar a las ovejas perdidas *y* sabiduría para saber cuándo dejar de buscarlas.

DETENTE

Si te estuvieras ahogando, ¿querrías que alguien hiciera lo que fuera necesario para rescatarte?

¿Qué pasa si te estuvieras ahogando en un pecado que destruiría tu alma?

¿Desearías que alguien te rescatara?

Si vieras a un cristiano profesante tomar decisiones destructivas, ¿sentirías la responsabilidad de intervenir?

Como hemos visto a lo largo de nuestro estudio, el amor de la iglesia debe reflejar el amor que hemos recibido de parte de Dios. Por esto, comencemos nuestro estudio de la disciplina de la iglesia considerando la disciplina amorosa de Dios hacia Sus hijos.

«Porque el Señor al que ama, disciplina, y azota a todo el que recibe por hijo» (Heb. 12:6).

Dios es el Padre de todos los creyentes. Todos estuvimos alguna vez lejos en nuestro pecado, pero Él nos acercó por medio de la sangre de Cristo (Ef. 2:13). Hemos sido reconciliados como Sus hijos amados y estamos siendo conformados a la imagen de Jesús (Rom. 8:29; Col. 3:10).

Dios usa muchas cosas para moldear a Su pueblo, incluido el dolor. Esto no es tan popular, pero Dios usa circunstancias dolorosas para romper, moldear y transformarnos. Dios raras veces trae crecimiento espiritual en nuestras vidas a través de medios cómodos.

Solo escucha la manera en que el autor de Hebreos describe el amor disciplinario de Dios:

«Considerad a aquel que sufrió tal contradicción de pecadores contra sí mismo, para que vuestro ánimo no se canse hasta desmayar. Porque aún no habéis resistido hasta la sangre, combatiendo contra el pecado; y habéis ya olvidado la exhortación que como a hijos se os dirige, diciendo: Hijo mío, no menosprecies la disciplina del Señor, Ni desmayes cuando eres reprendido por él; Porque el Señor al que ama, disciplina, Y azota a todo el que recibe por hijo. Si soportáis la disciplina, Dios os trata como a hijos; porque ¿qué hijo es aquel a quien el padre no disciplina? Pero si se os deja sin disciplina, de la cual todos han sido participantes, entonces sois bastardos, y no hijos [...] éste [nos disciplina] para lo que nos es provechoso, para que participemos de su santidad. Es verdad que ninguna disciplina al presente parece ser causa de gozo, sino de tristeza; pero después da fruto apacible de justicia a los que en ella han sido ejercitados» (Heb. 12:3-11).

DETENTE

¿Has visto a Dios usar circunstancias dolorosas en tu vida para acercarte a Él?

De ser así, ¿puedes compartir un ejemplo?

¿Te disciplinaron tus padres terrenales? Si fue así, ¿reflejó la forma en que Dios disciplina?

¿Cómo ha moldeado su disciplina tu manera de pensar en la disciplina de Dios?

Ⓐ ILUSTRACIÓN

En 1501, una catedral en Florencia, Italia descartó una gran pieza de mármol descolorida. Tenía cicatrices de arañazos, astillas y pedazos faltantes. Después de que otro reconocido artista cediera el mármol, un joven artista en apuros llamado Miguel Ángel se ofreció a tomarlo.

Construyó un cobertizo de casi 5 metros y pasó día y noche con él. Durante dos años, usó mazo, cincel y taladro en la roca. Después, emergió y dio a conocer una de las esculturas más famosas en la historia, una estatua de un joven rey David.

Cuando a Miguel Ángel se le preguntó: «¿Cómo sacaste esa escultura de ese inútil pedazo de mármol?». Él respondió: «Derribé todo lo que no era David». Eso es exactamente lo que Dios está haciendo en tu vida ahora mismo si eres Su hijo. Está usando todos los medios necesarios para moldearte y hacer que te parezcas a Jesús.

Este es el papel que desempeña la disciplina eclesial. Algunos de los instrumentos que Dios usa para moldearnos son la comunión, la exhortación y la disciplina de la iglesia local. No me refiero a iglesias malignas que abusan de los miembros o de cámaras de torturas medievales para los infieles. Me refiero a que Dios usa relaciones amorosas e intencionales para ayudarnos a luchar contra el pecado que tan fácilmente nos atrapa. La iglesia local es el lugar donde todos andan con un cartel de «en construcción» sobre su pecho. Dios usa la aplicación regular de la disciplina de la iglesia para ayudarnos a crecer en madurez espiritual y protegernos de ser consumidos por el pecado.

DETENTE

¿Cuál es una de las principales razones por las que la gente dice que no irá a la iglesia?

Apuesto que la respuesta a esa pregunta tiene que ver con «¡todos los hipócritas!». No puedo decirte cuántas veces las personas han rechazado el evangelio debido a la hipocresía que han visto en cristianos profesantes. Esta es una de las razones por la que Dios da instrucciones sobre la disciplina eclesial a las congregaciones locales.

¿QUÉ ES LA DISCIPLINA DE LA IGLESIA?

Como aprendimos anteriormente en el capítulo 6, la *iglesia local* es una asamblea de cristianos en un área geográfica que se comprometen a reunirse regularmente como adoradores y testigos de Jesús. La membresía se caracteriza por relaciones comprometidas, responsables y alentadoras en el contexto de una iglesia local.

A través de la membresía de la iglesia, los cristianos afirman sus profesiones de fe entre sí y se comprometen a ayudarse a vivir su devoción a Jesús. Cuando una iglesia recibe a alguien en la membresía, hace una declaración a esa persona, a la iglesia y al mundo.

A esa persona y a los demás les dice esencialmente: «*Afirmamos tu profesión de fe en Jesús y nos comprometemos a amarte, servirte, animarte y hacer todo lo posible para ayudarte a llegar al cielo, y esperamos que hagas lo mismo por nosotros*».

Al mismo tiempo, la congregación le dice al mundo: «*Este persona es uno de nosotros. Si quieres saber quién*

*es Jesús, mira a esta persona y escucha lo que dice. Ella te
mostrará y enseñará sobre Jesús».*

¿Pero qué pasa cuando un creyente profesante
comienza a vivir de una manera que contradice su
supuesta fe en Jesús? La respuesta breve es: «disciplina
de la iglesia». Estamos llamados a seguir el proceso que
se presenta en el Nuevo Testamento que culmina con
la expulsión de un cristiano profesante de la membresía de la iglesia porque persiste en pecado impenitente
(Mat. 18:15-18; 1 Cor. 5:1-13; Tito 3:10).

Cuando alguien se convierte en cristiano, no deja de
pecar por completo, pero su relación con el pecado cambia totalmente. Ahora estamos «muertos al pecado»
y «vivos para Dios» (Rom. 6:1-14). Debido a que el
Espíritu Santo nos une a Jesús, odiamos lo que Él odia y
amamos lo que Él ama. Los cristianos verdaderos luchan
contra el pecado que queda.

> **Cuando alguien que profesa seguir a Jesús per-
> siste en su negativa de luchar contra su pecado
> permanente, las sirenas deberían empezar a
> sonar.**

Esa persona está en peligro de caer en la destrucción
(Ef. 5:3-13; 1 Cor. 6:9-11). La iglesia está en peligro
de ser consumida por el pecado (1 Cor. 5:6; Gál. 5:9).
El nombre de Jesús está en peligro de ser blasfemado
(Rom. 2:24).

Cuando un miembro de una iglesia local vive en
pecado impenitente, y no está dispuesto a escuchar las
súplicas de otros cristianos para que se aleje de su pecado,
vive como un hipócrita. En este contexto, un hipócrita es
alguien que se identifica como cristiano, pero vive sin un
arrepentimiento genuino y sin devoción a Jesús.

Este pecado puede ser
pecado sexual persistente (1 Cor. 5:1-11),

causar división en la iglesia (Tito 3:10-11)
o ignorar continuamente los claros mandatos bíblicos (2 Tes. 3:14-15).

Cuando alguien persiste en este tipo de estilo de vida, llegará un momento en que la iglesia local ya no podrá afirmar su profesión de fe. Debido a que rechaza intencional y tercamente a Jesús y Sus mandatos, ya no podemos decirle a esa persona: «Creemos que eres cristiano». Ya no podemos decirle al mundo: «Así es como luce un cristiano».

Esto no quiere decir que la iglesia determina definitivamente si alguien es cristiano o no. La iglesia no tiene esa clase de autoridad.

Solo el Señor sabe perfectamente quiénes son suyos (2 Tim. 2:19).
Esto tampoco significa que la iglesia castiga a alguien por su pecado.

El Señor es quien trae castigo por el pecado, ya sea en Cristo o en el día del juicio final (Rom. 12:17-21; 2 Cor. 5:19-21). Más bien, la iglesia sirve como un instrumento para advertir a los pecadores impenitentes del juicio venidero.

BRIAN

¡Espera! —intervino Brian—. ¡Eso suena bastante prejuicioso! ¿No nos dijo Jesús que no juzgáramos a otras personas?
Dave pasó las páginas de su Biblia y reafirmó la pregunta de Brian.

Escuchemos lo que Jesús dice sobre juzgar a los demás:
«*No juzguéis, para que no seáis juzgados. Porque con el juicio con que juzgáis, seréis juzgados, y con la medida*

con que medís, os será medido. ¿Y por qué miras la paja que está en el ojo de tu hermano, y no echas de ver la viga que está en tu propio ojo? ¿O cómo dirás a tu hermano: Déjame sacar la paja de tu ojo, y he aquí la viga en el ojo tuyo. ¡Hipócrita! saca primero la viga de tu propio ojo, y entonces verás bien para sacar la paja del ojo de tu hermano» (Mat. 7:1-5).

DETENTE

¿Le dice Jesús a la gente que nunca juzguen a otras personas?

¿Qué dice Jesús que debemos hacer antes de juzgar a otras personas?

¿Estaría alguien en una mejor posición para juzgar a otros si primero hubiera pasado tiempo examinando su propio pecado? ¿Por qué sí o por qué no?

Dave le aseguró a Brian que Jesús *no* llama a las personas a ser prejuiciosas entre sí cuando luchan con el pecado. Más bien, el llamado de Jesús a juzgar se arraiga en el amor que busca ayudar a rescatar a los pecadores extraviados.

Esta es una de las partes difíciles de la disciplina de la iglesia. Dios usa una iglesia llena de pecadores como Sus instrumentos para rescatar a otros pecadores. Esta es la razón por la que una iglesia debe tener una comunidad centrada en el evangelio. A lo que me refiero es que cuanto más consciente sea una iglesia de su propia necesidad de la gracia de Jesús, habrá menos espacio para el juicio farisaico.

Dave sugirió que miraran Mateo 18 juntos para ver de primera mano las enseñanzas de Jesús de cómo Él desea que Su iglesia ame a los miembros extraviados de Su rebaño.

DETENTE

Toma algunos minutos para leer todo el capítulo 18 de Mateo. En serio, toma la Biblia y lee el capítulo.

Te esperaremos justo aquí.

Mateo 18 tiene una idea principal que se refleja en tres grandes movimientos. La gran idea del capítulo podría resumirse de la siguiente manera: «*El pueblo de Dios debe caracterizarse por un amor cuidadoso que busca a los que están extraviados y perdona a los que se arrepienten*». Esta gran idea se explica cuando Jesús describe la postura de la iglesia (vv. 1-14), un proceso en la iglesia (vv. 15-20) y luego una imagen para la iglesia (vv. 21-35).

LA POSTURA DE LA IGLESIA

En los versículos 1-14, vemos que el reino de Jesús se caracteriza por la humildad. Ser uno de Sus seguidores comienza con ir humildemente a Él. Esta humildad debería orientar la forma en que nos tratamos unos a otros.

La iglesia nunca debe convertirse en un motivo de tropiezo. Tampoco deberíamos ser duros ni pasivos hacia los hermanos mientras están siendo consumidos por el pecado. Nunca debemos despreciarlos o descuidarlos. Esto podría obstaculizar su arrepentimiento.

Al contrario, la iglesia debe reflejar el corazón de Dios. El Señor es como un pastor que ama a Sus ovejas. Si una de ellas se aleja hacia el peligro, el pastor dejará la seguridad para ir en una misión de rescate para asegurarse de que ni siquiera una se pierda.

Considera: ¿ha dejado Dios alguna vez de amarte y buscarte a pesar de todos tus extravíos? Pídele a Dios que permita que el amor que has recibido de Cristo arda en tu corazón hacia las ovejas perdidas. No las desprecies, sino búscalas, rescátalas y reconcílialas.

LA BÚSQUEDA DE LA IGLESIA

En los versículos 15-20, Jesús presenta un proceso de tres fases que debe guiar a la iglesia al buscar a las ovejas extraviadas. Toma un momento para volver a leerlos.

«Por tanto, si tu hermano peca contra ti, ve y repréndele estando tú y él solos; si te oyere, has ganado a tu hermano. Mas si no te oyere, toma aún contigo a uno o dos, para que en boca de dos o tres testigos conste toda palabra. Si no los oyere a ellos, dilo a la iglesia; y si no oyere a la iglesia, tenle por gentil y publicano» (Mat. 18:15-17).

Jesús le da a la iglesia pasos a seguir, aunque no reemplaza la necesidad de un cuidado pastoral, sabio y con oración. Hay muy pocas situaciones grises y tensas. Las personas son complejas, y también lo son sus luchas contra el pecado. Las iglesias deben tener cuidado de no permitir que el proceso consuma la postura que Jesús nos ordena tener. La disciplina eclesial no es simplemente un proceso administrativo para poner a las personas de vuelta en su lugar. Es una directriz para nuestro amor.

FASE 1: PRIVADA

En el versículo 15 Jesús dice: *«Por tanto, si tu hermano peca contra ti, ve y repréndele estando tú y él solos; si te oyere, has ganado a tu hermano»*. Cuando alguien peca, el primer paso no es hablar sobre ello, publicarlo en las redes sociales o ignorarlo. En cambio, la persona contra quien se ha pecado, o quien sepa del pecado, debe buscar personalmente a la persona que está en pecado.

Este tipo de responsabilidad personal mutua se ordena en Hebreos 3:13: *«Antes exhortaos los unos a los otros cada día, entre tanto que se dice: Hoy; para que ninguno de vosotros se endurezca por el engaño del pecado»*.

DETENTE

¿Notaste quién tiene la responsabilidad de dar el primer paso hacia un hermano en pecado?

Tú.

Yo.

Es nuestra responsabilidad.

Jesús (Mat. 5:23-24) y el apóstol Pablo (Rom. 12:18) hablan de la responsabilidad personal de buscar a los demás. En pocas palabras, la paz y la pureza de la iglesia son parcialmente tu responsabilidad. La salud y el crecimiento espiritual de los demás son parcialmente tu responsabilidad. *Somos* los guardianes de nuestro hermano.

La primera fase o paso de la disciplina de la iglesia debería darse a menudo en una iglesia sana. Si tengo un problema con otro miembro, o sé de algo que está ocurriendo en su vida, que no es bueno, debería sentir la libertad y, a veces, incluso la responsabilidad de tener una conversación personal con esa persona al respecto. Cuando esto sucede, la iglesia, en cierto sentido, siempre se «disciplina» entre sí.

Deberíamos estar teniendo estas conversaciones personales e intencionales para ayudarnos mutuamente a luchar contra el pecado, pero también para señalarnos las evidencias de la gracia, instruirnos unos a otros con la verdad y llevar las cargas y los dolores entre nosotros.

La primera fase de la disciplina eclesial es tanto una parte normal como necesaria de seguir a Jesús. Y cuando sucede regularmente, demuestra que las posteriores etapas de la disciplina tienen mucho más sentido.

DETENTE

¿Quién tiene permiso en tu vida para acudir a ti si te ve en pecado?

¿Quién te ama lo suficiente para hablarte con palabras de corrección?

¿Cómo recibes las palabras de corrección? ¿Qué lo dificulta?

¿Amas a los demás de la misma forma?

¿Qué hace que este aspecto del amor sea el más desafiante?

Antes de pasar a la segunda fase, debemos observar la parte más importante de la primera. ¿Cuál es el propósito de iniciar una conversación con tu hermano? La reconciliación. *«Si te oyere, has ganado a tu hermano»* (Mat. 18:15).

La palabra «ganar» significa reconquistar. La disciplina de la iglesia, en todos los niveles, consiste en recuperar las almas de los demás miembros de la iglesia del pecado. Se trata de su seguridad espiritual, el testimonio de la iglesia y el placer de Dios que está viendo cada parte.

Este aspecto del amor es la guerra espiritual. Estamos en guerra por el alma de las personas. No debemos permitir que se ahoguen en el pecado. En cambio, Dios nos llama a rogarles a las personas que se reconcilien con Él (2 Cor. 5:18-20). Podemos ser la voz de Dios a las ovejas perdidas, y nosotros podemos llamarlas a ver el amor del Buen Pastor. Esto es un gran honor y una gran responsabilidad.

FASE 2: ACOMPAÑADA

Muchas veces, las personas se arrepienten cuando son confrontadas. Se disculpan; piden perdón. Pero desafortunadamente, no todos lo hacen. En ocasiones, permanecen atrapados y reacios. Aquí es cuando debemos involucrar a otros.

«Mas si no te oyere, toma aún contigo a uno o dos, para que en boca de dos o tres testigos conste toda palabra» (Mat. 18:16).

Si alguien «no oye» significa que cerró sus oídos a la represión y alejó su corazón de reconciliarse con Dios. Involucrar a otros a menudo comienza incluyendo a un líder espiritual. Ya sea un anciano o un líder de un grupo pequeño, a estas alturas es sabio introducir a alguien más en la conversación para confirmar lo que está sucediendo y brindar sabiduría espiritual (Prov. 11:14; Gál. 6:1-2).

A veces, se puede omitir esta fase en casos únicos de pecados públicamente escandalosos (1 Cor. 5:1-13). No obstante, por lo general, la segunda fase puede durar una cantidad de tiempo significativa. Debido a que el arrepentimiento es difícil de discernir, un grupo pequeño de creyentes caminará junto a la oveja en problemas durante bastante tiempo para ayudarle a arrepentirse de lo que sea que la haya atrapado. He visto múltiples situaciones pastorales llegar a esta fase y ser testigos de la gracia milagrosa de Dios obrando en las personas para liberarlas. Debemos orar por este resultado.

BRIAN

Brian podía ver que Jesús había dado instrucciones claras a la iglesia. Se sentía animado de ver cómo se suponía que el amor de la iglesia modelaba el amor de Cristo hacia la iglesia. Sin embargo, Brian estaba ansioso por aprender qué ocurre cuando alguien *no* recibe la corrección, sino que elige seguir su propio camino.

FASE 3: PÚBLICA

En algún momento, cuando una persona no responde a las súplicas de aquellos cercanos a ella, toda la congregación debe involucrarse. Dios usa a la iglesia como el mensajero final de la misericordia para esta oveja perdida. Nadie desea que el proceso llegue tan lejos, pero lamentablemente a veces debe hacerlo.

«Si no los oyere a ellos, dilo a la iglesia; y si no oyere a la iglesia, tenle por gentil y publicano» (Mat. 18:17).

Dado que toda la iglesia se comprometió a cuidar el alma de esta persona, toda la congregación carga el peso de ser una especie de advertencia final antes de que comparezca ante Dios.

En nuestra iglesia, esta tercera fase le pertenece únicamente a los miembros de la congregación.

No tenemos este tipo de discusión durante un servicio de adoración regular, sino en una reunión donde solo se invita a los miembros. Durante este tiempo, se lo «[decimos] a la iglesia» al compartir tantos detalles como sean necesarios sin tentar a la gente a especular u obtener información innecesaria.

Cuando lo «[decimos] a la iglesia», animamos a cualquiera que conozca a la persona íntimamente a usar su capital relacional para persuadirla de que se arrepienta. A los que no conocen a esta persona, generalmente los animamos a permanecer firmes en la oración, sin intentar construir una relación con ella en ese momento. Este consejo no se basa en ningún tipo de mandato bíblico, sino solamente en lo que parece sabio.

Los que están involucrados en el proceso deben proteger sus corazones.

En Gálatas, el apóstol Pablo explica: *«Hermanos, si alguno fuere sorprendido en alguna falta, vosotros que sois espirituales, restauradle con espíritu de mansedumbre, considerándote a ti mismo, no sea que tú también seas tentado»* (Gál. 6:1-2). Aquellos que intentan restaurar a la oveja extraviada pueden sentir la tentación de airarse, quejarse y juzgar como fariseos. Deben mantener continuamente sus ojos en Jesús y orar para que Dios los guarde del orgullo pecaminoso.

¿Qué sucede si la persona extraviada no se arrepiente?

Jesús dice: *«Si no los oyere a ellos, dilo a la iglesia; y si no oyere a la iglesia, tenle por gentil y publicano»* (Mat. 18:17). El Jesús que nos llama a buscar a la oveja perdida es el mismo Jesús que nos dice que llegará el momento de juzgar humildemente a los demás y eliminar nuestra afirmación de su profesión de fe.

Esta es la parte del proceso en la que la mayoría de la gente piensa cuando escucha «disciplina de la iglesia». Cuando una iglesia llega a esta parte del proceso, formalmente renuncia a la profesión de fe de alguien. Esto significa que ya no es miembro de la congregación y que ya no es bienvenido a participar en la celebración de la Cena del Señor.

Cuando Jesús ordena a la iglesia tratar a la persona impenitente como «*gentil y publicano*», no quiere decir que ya no puede venir a la iglesia, significa que ya no puede ser tratada como creyente. Los cristianos aún deben amarlo, no como a un hermano, sino como Jesús amó a los pecadores.

Esta decisión por parte de una congregación es devastadora.

Trae gran tristeza. Cuando una iglesia llega a este punto, siempre tiene la esperanza de que tal acto lleve a la persona impenitente a la restauración y a la iglesia en su conjunto a la humildad.

Si alguien está bajo la disciplina de la iglesia, es bienvenido a continuar asistiendo a los servicios de adoración.

De hecho, no hay mejor lugar para un pecador que estar en un lugar donde puede oír la clara proclamación del evangelio. Pero no debe tomar la Cena del Señor, ni participar en la comunión normal de la iglesia (1 Cor. 5:11). Por supuesto, esto puede ser imposible en algunos casos, pero por lo general, esta debería ser la postura de la congregación.

A ILUSTRACIÓN

Hace algunos años, una iglesia estaba disciplinando a un miembro de mucho tiempo por embriaguez reiterada. El proceso había durado cerca de dos años, y era muy doloroso para la congregación. Durante el proceso, un miembro en particular rechazaba la recomendación de excomulgar a la persona. Algunos de los pastores visitaron a la hermana que se oponía, y durante la conversación, comenzó a llorar y confesó que no había estado viviendo para agradar a Dios. Dijo que la razón por la que le molestaba la disciplina del hombre se debía a que se había dado cuenta de que se encontraba en la misma condición. Dios usó el fiel proceso de la disciplina eclesial para mostrar Su gloria y atraer a la gente hacia Él.

UNA IMAGEN PARA LA IGLESIA

¿Cómo debería la iglesia tratar a alguien que finalmente se arrepiente? Debe perdonar a esa persona y recibirla de vuelta en la comunión de la iglesia. Perdonar es difícil para todos nosotros, el apóstol Pedro no es la excepción: «*Señor, ¿cuántas veces perdonaré a mi hermano que peque contra mí? ¿Hasta siete? Jesús le dijo: No te digo hasta siete, sino aun hasta setenta veces siete*» (Mat. 18:21-22).

> **Jesús no estaba hablando de llevar la cuenta, y después de las setenta veces siete, dejar de perdonar.**

Les estaba enseñando a ellos y a nosotros que así como el Señor nos ha perdonado, también nosotros debemos perdonar a los que luchan con el pecado, pero buscan reconciliarse.

La parábola del Rey perdonador que sigue a esta instrucción, describe vívidamente nuestra responsabilidad como personas perdonadas de perdonar a los que buscan restauración. Nuevamente, el objetivo de la disciplina de la iglesia nunca es punitivo.

Siempre es la restauración y la reconciliación.

DETENTE

¿Qué podría dificultar el perdonar a alguien?
¿Cómo podría ayudarte a perdonar a otra persona reflexionar sobre el perdón de Jesús?
¿Qué testimonio tendría una iglesia si perdonara a alguien que había sido excomulgado previamente, pero que se arrepintió de sus pecados?
¿Cómo podrían malinterpretar la disciplina de la iglesia las personas ajenas a la congregación? ¿Cómo debería afectar eso la forma en que seguimos los mandatos de Jesús?

ILUSTRACIÓN

Para concluir, me gustaría compartir contigo el testimonio de mi amigo Michael. Fue excomulgado de su iglesia local por persistir en inmoralidad sexual impenitente y mentir.

Años después, Dios usó el acto fiel de amor duro de su iglesia para desafiar su vida. Esta es una carta que leyó a la misma congregación siete años después de que fue disciplinado formalmente.

«Es muy difícil articular los sentimientos que tengo cuando considero la bondad de Dios para conmigo expresada a través del amor de esta congregación. Cuando me alejé de esta iglesia y de Dios, mi vida estaba marcada por la decepción, la hipocresía y la inmoralidad. Les mentí a todos con mi vida, si no con mis palabras. Lamento tanto eso. Traje vergüenza a mis padres, a mi familia y más amargamente, a mi Señor. Pero frente a mi extravío, Dios me salvó de mi pecado y me llevó al arrepentimiento...

Quiero elogiar a los hombres que conforman el equipo pastoral. Ellos obedecieron la Escritura cuando no era fácil hacerlo. Mateo 18 da las directrices para la disciplina de la iglesia, y las siguieron.

También hicieron lo que no tenían por qué hacer. No tenían por qué tratarme como lo hicieron durante el proceso. No tenían por qué llamarme y preguntarme cómo estaba. Tomar un café juntos, animarme, decirme que estaban orando por mí, enviarme devocionales. No tenían por qué suplicarme, y suplicarme y suplicarme para que volviera y me arrepintiera. Habría esperado, o al menos, entendido el deseo por despedirme rápida y silenciosamente. Sin embargo, me demostraron un amor sorprendente. Fui removido de la membresía por mi propio bien, sí, pero principalmente fue por ustedes y por la reputación del evangelio.

Además de la proclamación semanal del evangelio y la exposición cuidadosa de la Palabra de Dios, creo que hay pocas, si es que hay alguna, ordenanzas de la iglesia que apliquen más el evangelio que la práctica apropiada de la disciplina de la iglesia. Espero que se sientan igual de animados que yo cuando lean Hebreos 12. "El Señor al que ama, disciplina". ¡Al que ama!

Me amaron al disciplinarme. Me ayudaron a ver la severidad y belleza del sacrificio de Cristo... Gracias a la disciplina de la iglesia, mis ojos fueron abiertos... Gracias a la disciplina de la iglesia, probé el mundo y lo encontré amargo... Gracias a la disciplina de la iglesia, sentí el frío contraste de la vida fuera de la congregación. Pero recordé algo de la comunión, la gracia y el amor. Recordé a esta iglesia. El Señor usó a estos pastores y su brillante ejemplo para atraerme a Él... Agradezco a Dios por ellos. Y agradezco a Dios por ustedes».

BRIAN

Brian estaba sorprendido por la manera en que Dios había usado lo que muchos considerarían un tratamiento duro como un acto de amor. Brian esperaba nunca llegar a necesitar que personas fueran tras él con esa clase de amor, pero también tenía la esperanza de que, en caso de necesitarlo, lo hicieran; así como Jesús lo había hecho.

VERSÍCULO PARA MEMORIZAR

«Hermanos, si alguno de entre vosotros se ha extraviado de la verdad, y alguno le hace volver, sepa que el que haga volver al pecador del error de su camino, salvará de muerte un alma, y cubrirá multitud de pecados» (Sant. 5:19-20).

RESUMEN

Dios muestra Su amor hacia Su pueblo a través de la iglesia. Si nos apartamos de Dios, Él nos ama usando a la iglesia para ayudarnos a alejarnos de nuestro pecado y regresar a Él.

¿CUÁL ES EL PUNTO?

Los cristianos
se ayudan a
seguir a Jesús.

CAPÍTULO 9

¿Cuál es la misión de la iglesia?

BRIAN

Solo habían transcurrido algunos meses desde que Brian había visitado la iglesia por primera vez. Dios le había dado un nuevo deseo de servirlo y ayudar a otros a llegar a conocerlo. ¿Pero cómo debía hacer eso? ¿Qué estaba haciendo la iglesia de lo que él podría ser parte?

En su siguiente desayuno con Dave, Brian explicó lo que estaba sintiendo. Dave tomó su Biblia y comenzó a hojearla. Mientras lo hacía, le dijo a Brian que el Espíritu Santo estaba cambiando su corazón para dedicarse al propósito que tiene Dios para Su iglesia.

Mientras sostenía la Biblia abierta, miró a Brian y dijo: «Lo que voy a compartir contigo es lo que Jesús dice que se supone que Su Iglesia debe hacer mientras esperamos Su regreso. Esto es lo que muchos llaman la Gran Comisión».

«Y acercándose Jesús, les habló, diciendo: Toda autoridad me ha sido dada en el cielo y en la tierra. Id, pues, y haced discípulos de todas las naciones, bautizándolos en el nombre del Padre y del Hijo y del Espíritu Santo,

enseñándoles a guardar todo lo que os he mandado; y he
aquí, yo estoy con vosotros todos los días, hasta el fin del
mundo» (Mat. 28:18-20, LBLA).

Si bien hay muchas cosas importantes que las iglesias
pueden hacer, solo hay algunas cosas que deben hacer. La
Gran Comisión es una de ellas. Sirve como una declaración de misión para la iglesia. Refleja lo que Jesús quiere
que Su iglesia haga hasta que Él vuelva. Para desentrañar
esta Comisión, consideremos la autoridad, el mandato y
la promesa de Jesús.

1. LA AUTORIDAD DE JESÚS

Cuando Jesús dio Su último mandato a Sus discípulos, declaró que toda autoridad en el cielo y en la tierra
le había sido entregada. Esa era una declaración radical
que no debe pasarse por alto. Los Evangelios expli-
can que Jesús es el eterno Hijo de Dios que dejó el cielo
para rescatarnos. Él es Dios, pero se convirtió en hombre.
Como señala el apóstol Juan: *«Y aquel Verbo fue hecho*
carne, y habitó entre nosotros» (Juan 1:14).

Jesús vivió una vida libre de pecado.
Siempre agradó a Dios el Padre,
y proclamó las buenas nuevas del reino de Dios.
Llamó a las personas a arrepentirse de sus pecados y
creer en Él.
Hizo milagros para probar que tenía autoridad para
perdonar los pecados de la gente.

Pero en lugar de ser aceptado como Señor, Jesús fue
traicionado, arrestado, burlado, golpeado y torturado
hasta morir en una cruz. Sin embargo, después de tres
días en la tumba, ¡Dios movió la piedra para demostrar
que Jesús había resucitado de los muertos! ¡Jesús *está*
vivo! El victorioso Hijo de Dios ha derrotado la maldi-
ción de la muerte del pecado.

Luego de Su resurrección, Jesús se le apareció a cientos de personas durante cuarenta días. Cuando declaró a Sus discípulos: *«toda autoridad me ha sido dada en el cielo y en la tierra»*, estaba afirmando tener soberanía absoluta. Muchos de Sus oyentes habrían reconocido cómo esta sorprendente declaración hace eco del capítulo 7 de la profecía de Daniel en el que vemos un tribunal celestial reunido para el día del juicio:

«Mientras yo observaba esto, se colocaron unos tronos, y tomó asiento un venerable Anciano. Su ropa era blanca como la nieve, y su cabello, blanco como la lana. Su trono con sus ruedas centelleaban como el fuego. De su presencia brotaba un torrente de fuego. Miles y millares le servían, centenares de miles lo atendían. Al iniciarse el juicio, los libros fueron abiertos. Yo me quedé mirando por causa de las grandes insolencias que profería el cuerno. Seguí mirando hasta que a esta bestia la mataron, la descuartizaron y echaron los pedazos al fuego ardiente. A las otras bestias les quitaron el poder, aunque las dejaron vivir por algún tiempo. En esa visión nocturna, vi que alguien con aspecto humano venía entre las nubes del cielo. Se acercó al venerable Anciano y fue llevado a su presencia, y se le dio autoridad, poder y majestad. ¡Todos los pueblos, naciones y lenguas lo adoraron! ¡Su dominio es un dominio eterno, que no pasará, y su reino jamás será destruido!» (Dan. 7:9-14, NVI).

Esta aleccionadora escena nos recuerda que llegará el día en que todas las personas serán juzgadas de acuerdo a sus obras (Mat. 16:27; Rom. 2:4-6). Los que han sido perdonados por la fe en Jesús, serán recibidos en Su gozo eterno, pero los que no, serán apartados de Su presencia en un tormento eterno (Mat. 25:46).

Cuando Jesús dice que toda autoridad en el cielo y en la tierra le ha sido dada, está afirmando ser el Rey de reyes y Señor de señores que juzgará a todo ser humano que haya vivido.

Esta cruda realidad yace ante la Iglesia. Jesús ordena que Su Iglesia vaya al mundo y llame a las personas al arrepentimiento en preparación para el día del juicio. Debido a que el cielo y el infierno son reales, la Iglesia debe cumplir su llamado con urgencia e intencionalidad. Este es el estandarte que cuelga sobre todo aquello en lo que la Iglesia invierte su tiempo, energía y recursos.

DETENTE

¿Cómo afecta a la misión de la Iglesia la autoridad de Jesús para gobernar y juzgar a todas las personas? ¿Qué tipo de respuesta debería producir en tu vida como cristiano individual?

BRIAN

Brian nunca había pensado en la Iglesia a la luz del día del juicio antes. Esto le dio una renovada urgencia y sobriedad mientras consideraba a sus muchos amigos que aún no conocían a Jesús. También le hizo preguntarse cómo la Iglesia podría trabajar unida para contarle a más personas quién era Jesús y lo que Él los llamó a hacer.

2. JESÚS DICE: «HACED DISCÍPULOS»

Con el día del juicio a la vista, Jesús ordena a Sus discípulos: «*Id, pues, y haced discípulos de todas las naciones*». Un discípulo es alguien que ha dejado todo para seguir a Jesús. Jesús dice que mientras esperan Su regreso, Sus discípulos deben hacer más discípulos.

El llamado de Jesús al discipulado se da con el mismo trasfondo del juicio final:

«*Dirigiéndose a todos, declaró: Si alguien quiere ser mi discípulo, que se niegue a sí mismo, lleve su cruz cada día y me siga. Porque el que quiera salvar su vida la perderá; pero el que pierda su vida por mi causa la salvará. ¿De qué le sirve a uno ganar el mundo entero si se pierde o se destruye a sí mismo? Si alguien se avergüenza de mí y de mis palabras, el Hijo del hombre se avergonzará de él cuando venga en su gloria y en la gloria del Padre y de los santos ángeles»* (Luc. 9:23-26, NVI).

Las vidas diarias de los discípulos de Jesús deben caracterizarse por la sujeción obediente a Él y la dependencia en Su gracia hasta el día en que regrese por ellos.

> **DETENTE**
>
> *¿Cómo debería motivarnos el día del juicio venidero a compartir el evangelio?*
> *¿Qué podría tentarnos a avergonzarnos de ser discípulos de Jesús?*
> *¿Cómo pueden ayudarte otros creyentes a tomar tu cruz cada día?*

La misión de Jesús de «hacer discípulos» era clara en la mente de la iglesia primitiva.

Jesús envió al Espíritu Santo prometido para capacitar a los creyentes para que le sirvieran como Sus testigos (Hech. 1:8). Ellos arriesgaron sus vidas para llevar el evangelio de pueblo en pueblo para hacer discípulos y establecer nuevas iglesias. El libro de Hechos y las cartas del Nuevo Testamento no tienen sentido sin la Gran Comisión.

El apóstol Pablo hace eco de las instrucciones de Jesús diciéndole a Timoteo: *«Tú, pues, hijo mío, esfuérzate en la gracia que es en Cristo Jesús. Lo que has oído de mí ante muchos testigos, esto encarga a hombres fieles que sean idóneos para enseñar también a otros»* (2 Tim. 2:1-2). La iglesia es responsable de

proclamar,
    encomendar
        y transmitir el evangelio a otros

que harán lo mismo. En resumen, la misión que Jesús dio a Su Iglesia era

ser discípulos
  que hacen discípulos,
    que hacen discípulos.

BRIAN

Para Brian, tenía sentido que la Iglesia de Jesús dedicara su vida a ayudar a las personas a conocerlo. Pero la Gran Comisión le parecía abrumadora, así que le preguntó a Dave si podía ayudarlo a entender exactamente cómo se suponía que debían ir y hacer discípulos. Dave hizo una pausa por un minuto y dijo: «Está bien, hay algunas cosas que podrían ser útiles aquí, déjame explicarte».

La Gran Comisión tiene dos aplicaciones principales:
entre los no creyentes
y entre los creyentes.

El trabajo entre los no creyentes se llama evangelismo, mientras que el trabajo entre otros creyentes se llama discipulado.

1. *La iglesia evangeliza a los no creyentes llamándolos a arrepentirse de sus pecados y creer en Jesús.*

El evangelismo es el primer paso en el proceso de hacer discípulos. La Iglesia es llamada a proclamar la buena noticia de la muerte y la resurrección de Jesús a las personas que Dios ha colocado a nuestro alrededor. Llamamos a los no creyentes a apartarse de su pecado y creer en Jesús como Señor y Salvador. Los llamamos no simplemente a tomar una decisión por Jesús, sino a convertirse en discípulos de Jesús.

«Mas vosotros sois linaje escogido, real sacerdocio, nación santa, pueblo adquirido por Dios, para que anunciéis las virtudes de aquel que os llamó de las tinieblas a su luz admirable» (1 Ped. 2:9).

Jesús nos rescató de la oscuridad de nuestro pecado, y ahora nos ha dado el honor y la responsabilidad de llamar a otros a esa misma esperanza.

Este parece un buen lugar para señalar que el propósito de Jesús para la Iglesia es *«[hacer] discípulos de todas las naciones»* (Mat. 28:19).

Los esfuerzos evangelísticos de las iglesias nunca deberían limitarse a un solo grupo étnico. ¿Por qué? Porque Jesús no es solo el Señor de la India, África, América o la Antártida. Él es el Señor de todas las personas en cada territorio.

Jesús murió para salvar a los pecadores de todas las naciones y ha ordenado a Su Iglesia darles a conocer las buenas nuevas.

DETENTE

¿Quiénes son algunas de las personas que Dios ha puesto en tu vida que aún no lo conocen?

¿Cómo puede tu iglesia local ayudarte a alcanzarlos con el evangelio?

¿Cómo puedes ayudar a otros a alcanzar a sus amigos inconversos con el evangelio?

¿Cómo debería impactar tu vida el objetivo de Jesús de salvar a las personas de todos los grupos étnicos?

¿Te sientes tentado a asociarte solo con personas que se parecen a ti o que tienen preferencias culturales similares?

¿Cómo te impulsa a crecer el amor por Jesús y la obediencia a la Gran Comisión?

---

2. **La iglesia ayuda a los hermanos creyentes a seguir fielmente a Jesús.**

Una vez que alguien se convierte en creyente, el trabajo de ser un discípulo solo apenas comienza. Dios está obrando para conformarnos a la imagen de Jesús (Rom. 8:29; Col. 3:10). Aunque Dios usa todo en nuestras vidas para hacernos madurar, una parte fundamental de Su obra se realiza en la iglesia local y por medio de ella.

Como discutimos en el capítulo 6, las iglesias locales deberían cultivar relaciones en las que los creyentes buscan hacer bien espiritual unos a otros. Los líderes de las iglesias locales preparan a los miembros para que crezcan en la madurez espiritual que refleja el carácter de Jesús (Ef. 4:11-16). En el centro de estas relaciones hay un amor que ayuda a los demás a obedecer todo lo que Jesús nos ha llamado a hacer (Mat. 28:20). El llamado a hacer discípulos no es una opción electiva o una misión dada solo a los súper maduros espiritualmente. Si alguien está siguiendo a Jesús, también debe ayudar a otros a seguirlo.

La manera en que las iglesias locales buscan cumplir la Gran Comisión variará de congregación a congregación. Pero en general, debería haber un ritmo regular en el que las iglesias se reúnan para edificar a los creyentes y luego se dispersen para evangelizar el mundo. Ciertamente hay una superposición en este trabajo, pero cada parte se enfoca en la misión de hacer discípulos.

3. Cuando la iglesia se reúne

«*Cuando os reunís [...]. Hágase todo para edificación*» (1 Cor. 14:26).

Durante 2000 años, los creyentes en todo el mundo se han reunido los domingos por la mañana para adorar a Dios mediante Jesús, Su Hijo. Aunque hay discusiones sobre cómo deben usarse los domingos, es un día en el que los creyentes detenemos nuestras vidas normales, nos reunimos como iglesia y nos alimentamos expectantes con la Palabra de Dios. Al hacerlo, nuestro objetivo es edificarnos mutuamente en salud espiritual.

Dado que sabemos que la Palabra de Dios tiene poder para confrontarnos, animarnos y prepararnos (2 Tim. 3:16-17), todo lo que sucede en la reunión de una iglesia sana se centrará en la Escritura.

- Cuando cantamos, entonamos cánticos llenos de verdades bíblicas que instruyen nuestras mentes y calientan nuestros afectos (Ef. 5:19).
- Cuando leemos porciones de la Escritura tanto del Antiguo como del Nuevo Testamento, nos damos un festín juntos con Su Palabra (1 Tim. 4:13).
- Cuando oramos, hacemos oraciones individuales y congregacionales que son moldeadas por lo que la Palabra de Dios nos enseña a valorar (1 Tim. 2:1-8).
- Cuando predicamos, proclamamos mensajes saturados de las verdades del evangelio que exaltan a Jesús (2 Tim. 4:1-2).
- Cuando celebramos el bautismo y la Cena del Señor, vemos la Palabra retratada en estas ilustraciones vívidas (Rom. 6:3-4; 1 Cor. 10:16).

Dios usa las reuniones semanales de Su pueblo alrededor de Su Palabra para hacer que se parezcan más a Jesús.

Pero los creyentes no son las únicas personas presentes cuando la iglesia se reúne. Con mucha frecuencia, los no cristianos se reunirán con la iglesia. Muchos incrédulos saben que no creen, mientras que otros se autoengañan. De cualquier manera, Dios usa la verdad de Su Palabra y el amor de Su pueblo para convencerlos de la verdad (1 Cor. 14:24-25).

Debido a esto, las iglesias locales deben asegurarse de dejar claro el evangelio en cada servicio. Además, los miembros de la congregación deberían estar atentos en oración a las oportunidades de entablar conversaciones con los visitantes. ¿Quién sabe lo que Dios esté planeando?

3. CUANDO LA IGLESIA SE DISPERSA

«Así que, somos embajadores en nombre de Cristo, como si Dios rogase por medio de nosotros; os rogamos en nombre de Cristo: Reconciliaos con Dios» (2 Cor. 5:20).

Un embajador es un representante oficial del gobierno de un país en una tierra extranjera. Jesús es el autoritativo Rey del cielo que ha comisionado a Sus discípulos como Sus embajadores. Cuando una iglesia se reúne, lo hace como una comunidad de Sus representantes en la tierra. Y cuando nos dispersamos, salimos en Su autoridad, llamando a las personas a que se *«[reconcilien] con Dios»*.

Es interesante que mientras que la reunión de la iglesia es de suma importancia, la mayor parte de lo que Dios llama a la iglesia a hacer ocurre cuando se dispersa. Cuando salimos juntos a nuestros hogares, comunidades, grupos pequeños y más allá, vamos como Sus representantes.

Recordarás de nuestra discusión en el capítulo 2, que la iglesia primitiva pasaba tiempo junta todos los días (Hech. 2:42-47). Pero cuando lo hacía, siempre tenía la mirada puesta en el evangelismo. Hechos 2:47 (NVI) nos dice que estos primeros cristianos estaban *«alabando a Dios, y teniendo favor con todo el pueblo. Y el Señor añadía cada día a la iglesia los que habían de ser salvos»*.

Con todo lo que Dios estaba haciendo *dentro* de esta iglesia, podrías pensar que sentían la tentación de olvidarse de los de afuera. Pero eso no podría estar más lejos de la verdad. Se amaban entre ellos y compartían la gracia unos a otros, pero su amor se dirigía no solo internamente, sino también externamente.

Esta iglesia no estaba aislada en una torre de marfil ni apartada como un exclusivo club campestre. En cambio, vivía el evangelio *y* predicaba el evangelio. Su aprendizaje, amor y adoración impulsaban la misión de hacer discípulos entre los perdidos. Como resultado, *«el Señor añadía cada día a la iglesia los que habían de ser salvos»*.

El evangelismo no sucedía en un evento una vez a la semana o en un avivamiento una vez al mes. Caracterizaba la vida diaria de la iglesia. Ellos oraban regularmente para que Dios abriera puertas para la Palabra y atravesaban valientemente esas puertas para hablar palabras de vida (Col. 4:2-6).

¿Notaste que «el Señor añadía»? Mientras la iglesia aspira a hacer discípulos, sabemos que nadie se salvará sin la Palabra de Dios. Como dijo una vez un pastor: «Nuestro trabajo es compartir fielmente el evangelio en el poder del Espíritu Santo y dejarle los resultados a Dios». Esto nos quita la presión y nos libera para descansar plenamente en que Dios salva a Su pueblo.

Esto es precisamente lo que sucedió en Hechos 16 cuando Pablo proclamó el evangelio en Filipos. Mientras predicaba a un grupo reunido junto al río, Lucas nos dice lo que ocurrió: *«el Señor abrió el corazón de ella [Lidia] para que estuviese atenta a lo que Pablo decía»* (Hech. 16:14b). Dios usó la predicación fiel del evangelio para salvar a Lidia de su pecado. Posteriormente, fue bautizada y su casa se convirtió en un lugar de reunión para los cristianos (Hech. 16:15,40). En otras palabras, ¡nació una iglesia en Filipos!

Dios obró en la iglesia primitiva para llevar a cabo el evangelismo y lo que comúnmente se conoce como misiones.

«Misiones» hace referencia al envío de cristianos a plantar iglesias en áreas no alcanzadas o a ayudar a iglesias existentes en esas áreas.

Si bien hay muchas discusiones importantes sobre cómo deben realizarse el evangelismo y las misiones, no puede haber duda de que las iglesias deben estar activas en este trabajo. En palabras de John

Piper: «Los cristianos tienen tres posibles respuestas a la Gran Comisión: "Ve, envía o desobedece"». A la luz del juicio final, las iglesias no tienen derecho a mantenerse al margen e ignorar el mandato de Jesús de hacer discípulos entre las naciones.

DETENTE

¿Estás buscando oportunidades en oración para hablar de Cristo?

¿Estás recibiendo activamente a personas que no siguen a Cristo en tu hogar?

¿De qué manera la oración, la predicación y la enseñanza de tu iglesia obligan a las personas a considerar cómo pueden llevar el evangelio a aquellos que nunca han oído hablar de Jesús?

Antes de continuar, necesitamos tomar un momento para responder una pregunta importante sobre el papel de la iglesia en bendecir a la comunidad. Muchas iglesias hoy ven la misión de la iglesia como ser una bendición para la comunidad en la que viven. Muestran el amor de Cristo al alimentar a los hambrientos, vestir a los pobres, cuidar de los huérfanos y las viudas y muchas otras cosas que se ordenan en la Biblia.

Es fundamental distinguir entre lo que la iglesia *debe* hacer y lo que los cristianos individuales *deberían* hacer. Para ayudarnos a resolver esto, evaluemos esta declaración:

> **Las iglesias cristianas deben servir a sus comunidades trabajando por la justicia y ayudando a los necesitados.**

Lo que esto no debe significar es que una iglesia local debe tener un personal, líneas presupuestarias y programas dedicados a influenciar las políticas, tener un banco de alimentos y ofrecer programas de tutorías para los jóvenes menos privilegiados. Jesús no le exige esto a Su Iglesia.

Pero lo que *sí* significa es que los miembros de las iglesias locales deberían estar activos trabajando por la justicia y exhibiendo el amor de Cristo en cualquier ámbito donde Dios los coloque. Finalmente, no podemos transformar el mundo, pero debemos exhibir claramente la luz de la verdad y la gracia de Dios mientras buscamos hacer discípulos entre las naciones.

«*Así alumbre vuestra luz delante de los hombres, para que vean vuestras buenas obras, y glorifiquen a vuestro Padre que está en los cielos*» (Mat. 5:16).

Cuando estamos *en casa*, lavamos la ropa, hacemos comida y buscamos vivir juntos el evangelio.

Cuando estamos *entre nuestros vecinos*, los servimos, desarrollamos amistades con ellos y los ayudamos en oración a participar del llamado de Jesús a arrepentirse y creer.

En el *trabajo*, trabajamos con honestidad y diligencia para ser una bendición, ganar un salario y ayudar a nuestros compañeros de trabajo a convertirse en seguidores de Jesús.

Entre *los necesitados*, deberíamos vestirlos, alimentarlos y servirlos mientras le señalamos a Jesús quien murió por los pecados de pecadores como ellos y como nosotros.

DETENTE

¿Por qué es tan importante dejar en claro la misión de la iglesia?

¿Qué otras cosas importantes podría hacer la iglesia?

¿En qué se diferencian estas cosas de lo que la iglesia debe hacer (hacer discípulos)?

BRIAN

Brian tenía muchas preguntas sobre el papel de la iglesia en el servicio a la comunidad, pero estaba agradecido de que Dave lo ayudara a ver la importancia general de hacer discípulos. Creía que la Gran Comisión era el propósito de Dios para los creyentes y estaba preparado para involucrarse de cualquier manera posible.

4. JESÚS PROMETE SU PRESENCIA

En las últimas palabras de Jesús, encontramos una de las promesas más dulces en toda la Escritura: «*He aquí, yo estoy con vosotros todos los días, hasta el fin del mundo*». Jesús nos asegura que no nos abandonará en medio de la misión.

Él promete que irá con nosotros.

Esto significa que cuando invitas en oración a tu vecino o compañero de trabajo a cenar y le compartes el evangelio, Él está contigo. Cuando hablas con tu madre o tu padre y les dices que Jesús es tu Salvador y que también puede ser el suyo, Él está contigo. Cuando hablas con las personas en tu trabajo sobre arrepentirse de su pecado y creer en Jesús, Él está contigo. Cuando sufres, cuando estás cansado, cuando tienes miedo, cuando eres perseguido, Jesús está contigo *siempre*.

Cuando caminamos entre lobos, sus gruñidos no deben desalentarnos, porque nuestro Buen Pastor está con nosotros. Él es nuestra fuerza, nuestra sabiduría y el que nos capacita para seguir adelante. En Hebreos 13:5-6 (NVI), Dios ha dicho: «*No te desampararé, ni te dejaré; de manera que podemos decir confiadamente: El Señor es mi ayudador; no temeré lo que me pueda hacer el hombre*».

No deberíamos ser controlados por el temor a la gente.

Ellos pueden perseguirnos, pero si Cristo está con nosotros, lo peor que pueden hacer es matarnos y enviarnos a la gloria eterna para estar con aquel que nuestro corazón anhela ver (Mat. 10:28).

¿Y notaste cuánto tiempo promete estar con nosotros? *«Hasta el fin del mundo»*. Jesús promete guiar, guardar, proveer y proteger a Sus seguidores hasta el día que veamos Su rostro. Toda la historia avanza hacia el momento en el que Cristo regrese y nos lleve para estar con Él. ¡Qué gran día será ese! ¡Señor, que sea hoy!

No obstante, mientras Él regresa, hay trabajo por hacer. Por tanto, arriesguemos todo por *«[ir], pues, y [hacer] discípulos de todas las naciones»*.

BRIAN

Mientras Dave explicaba la Gran Comisión, Brian comenzó a sonreír. Sabía que Dios había usado a Dave, Ashley y al resto de su iglesia local para ayudarle a crecer. Ciertamente hubo altos y bajos en el camino, pero sabía que la obediencia de la iglesia a la Gran Comisión había cambiado su vida y su destino eterno.

Brian también sabía que Dios le había dado amistades con muchas personas que estaban lejos de Jesús. Comenzó a orar para que Dios lo usara para alcanzar a otros para Jesús. Se reunió con su pastor, quien lo ayudó a aprender cómo compartir el evangelio e incluso lo llevó al parque para hablar con personas sobre seguir a Jesús.

A medida que el amor de Brian por Dios crecía, también lo hacía su deseo de contarles a otros sobre Él. Compartió a Cristo con sus amigos, familiares, e incluso hizo planes de ir en un viaje misionero a un lugar donde había pocos seguidores de Jesús. Brian estaba sorprendido de que Dios lo estuviera usando para alcanzar a otros para Cristo, pero sabía que si Dios pudo salvarlo, podía salvar a cualquiera.

VERSÍCULO PARA MEMORIZAR

«Id, pues, y haced discípulos de todas las naciones, bautizándolos en el nombre del Padre y del Hijo y del Espíritu Santo, enseñándoles a guardar todo lo que os he mandado; y he aquí, yo estoy con vosotros todos los días, hasta el fin del mundo» (Mat. 28:18-20, LBLA).

RESUMEN

Dios nos rescató de nuestro pecado para conocerlo, pero también para ayudar a que otros lleguen a conocerlo. Al ir al mundo para proclamar Su evangelio, vamos sabiendo que Él está con nosotros y nos proveerá todo lo que necesitamos para hacer lo que nos ha llamado a hacer.